WAKE UP!

Groupe Eyrolles
61, bd Saint-Germain
75240 Paris Cedex 05

www.editions-eyrolles.com

Collection dirigée par Anne Ghesquière,
fondatrice du magazine FemininBio.com, pour mieux vivre sa vie !

Avec la collaboration de Valérie Mauriac-Saulière

Création et exécution de maquette : Hung Ho Thanh
Illustration originale p. 133 : Lili la Baleine

ISBN : 978-2-212-55842-5

CHRISTINE LEWICKI

WAKE UP !

4 principes fondamentaux pour arrêter de vivre sa vie à moitié endormi

EYROLLES

SOMMAIRE

REMERCIEMENTS

Je suis pleine de gratitude pour le soutien, l'amour et la sagesse de toutes les personnes qui ont énormément contribué à ma vie et à la maturation du travail que je vous présente aujourd'hui dans cet ouvrage.

Je remercie tout particulièrement mes clients et les participants du séminaire Wake-Up, qui ont bien voulu partager gracieusement leurs histoires. Votre vulnérabilité, votre authenticité et votre brillance vont grandement aidé d'autres personnes à arrêter de vivre leur vie à moitié endormies. MERCI !

Rédiger ce livre fut une aventure extrêmement intense et profondément riche et celui-ci n'aurait pu arriver entre vos mains sans la riche expertise et le soutien bienveillant de mon éditrice Gwénaëlle Painvin, mais aussi sans le regard fin et critique de Valérie Mauriac-Saulière qui m'a permis de mettre en forme et en valeur mes propos (votre patience a été vitale pour mener à bien ce projet). Je suis d'une extrême reconnaissance pour tout le personnel des éditions Eyrolles qui contribue grandement à ce que mon message puisse être partagé avec le monde. Sans votre engagement et vos efforts, tout cela ne serait pas possible. MERCI !

Je tiens aussi à remercier Anne Ghesquière qui m'a ouvert les portes du monde de l'édition et qui n'hésite jamais à soutenir pleinement chacun de mes projets. C'est délicieusement précieux de te savoir à mes côtés. MERCI !

Je voudrais aussi remercier mon mari Philippe et mes trois filles Anna, Alice et Domitille, qui ont fait preuve d'une immense patience et qui m'ont entourée d'amour (et de calme) pendant l'accouchement de ce livre ! J'ai tellement de chance de vivre avec vous ! MERCI !

Merci à mes parents, mes beaux-parents, toute ma fratrie élargie, ma cousine Stéphanie, mes amies Emmanuelle, Nathalie et Sabine, mais aussi à tous les coachs et les mentors qui m'ont aidée à me rapprocher chaque jour de ma propre vérité. Heureusement, le chemin continue !

J'ai écrit ce livre avec mon cœur, j'espère qu'il vous plaira.

Christine

AVERTISSEMENT

Le travail que je vous propose dans cet ouvrage est un travail de développement personnel. Certains d'entre vous se sentiront inspirés d'en appliquer tous les principes, et d'autres choisiront les approches qui leur conviennent le mieux à ce moment de leur vie. À chacun de prendre dans ce livre uniquement ce qui lui convient et ce qui lui permet d'avancer, et de laisser de côté ce qui ne lui semble pas adapté, pour lui, sans jugement ni culpabilité. Toute démarche de développement personnel ne se fait pas sans efforts car elle nécessite parfois de dépasser nos plus grosses limites pour oser récolter les preuves que, malgré nos croyances, rien ne peut nous empêcher de vivre notre vie pleinement réveillés avec brillance, puissance et authenticité.

Sur ce chemin, certains d'entre vous ressentiront peut-être le besoin de se faire accompagner par un coach pour clarifier leurs idées ou identifier plus clairement des leviers d'actions. D'autres auront peut-être besoin de se faire accompagner par un thérapeute s'ils ressentent des peurs ou des croyances limitantes rattachées à des blessures plus profondes que seul un expert peut aider à cicatriser.

Prenez avant tout soin de vous et entourez-vous des bonnes personnes pour vous soutenir si vous le jugez nécessaire, car il s'agit, dans ce travail de développement personnel que je vous propose, de vous réveiller à votre vie et à toute cette bonté, puissance et brillance qui a envie d'émerger.

Nous possédons un maximum de choses et pourtant... <u>pas remplis</u>

INTRODUCTION

Nous vivons dans une société très perturbée qui semble avoir perdu ses repères. La négativité a tout envahi et un grand nombre de personnes vivent leur vie dans un état de demi-sommeil, à errer sans horizon et trop souvent malheureusement sans espoir. La plupart d'entre nous vivons notre vie avec les mêmes pensées et les mêmes habitudes qui nous ont été transmises par notre éducation, notre culture et la société... Et nous suivons le courant en faisant tout notre possible pour être conformes à ce que l'on attend de nous, débordés mais à moitié endormis car, au fond, nous n'osons pas être vraiment vivants... jusqu'au jour de notre mort.

Nous vivons dans une époque où nous avons accès à tout le savoir du monde en quelques clics de souris. Nos besoins basiques sont satisfaits, nous avons à manger dans nos assiettes, un toit au-dessus de nos têtes, nous avons une télévision, une voiture et une multitude de gadgets pour améliorer notre qualité de vie. Les pays n'ont plus de frontières et nous avons la liberté et la possibilité de visiter le monde. Nous vivons dans un monde d'opportunités. Nous partons en vacances, bénéficions d'un système médical qui nous permet tous d'avoir accès aux soins... Nous sommes hyper connectés les uns aux autres grâce aux réseaux sociaux, et pourtant, à la fin de la journée, nous nous sentons vidés. Nous possédons un maximum de choses, avons mille et une activités à faire, et pourtant, nous ne nous sentons toujours pas remplis.

Comment se fait-il que nous ne soyons pas plus satisfaits de nos vies ? Comment se fait-il que nous trouvions encore le moyen de râler et de nous positionner en victimes ? Comment se fait-il que nous nous sentions toujours aussi vulnérables et limités ?

Notre société est de plus en plus abondante mais force est de constater que cette abondance matérielle masque un vide intérieur. Nous sommes de plus en plus connectés aux autres mais finalement nous nous retrouvons déconnectés de nous-mêmes et de ce qui nous anime.

Nous entrons dans un monde dans lequel la quête de satisfaction de nos besoins ne nous anime plus car, en vérité, la grande majorité de ces besoins sont déjà satisfaits. Nous ressentons désormais le besoin de remplir le vide de notre âme et d'activer la richesse qui est en nous, qui nous démange et que nous n'osons pas révéler. Nous ne voulons plus nous conformer et consommer. Nous avons soif de singularité, d'authenticité et d'humanité. Nous voulons rayonner, nous réaliser et contribuer au monde.

Je me souviens d'une conversation récente avec une femme qui voulait s'inscrire à un de mes séminaires. Elle me disait : « J'ai l'impression de n'avoir jamais mis mon costume. J'ai un beau costume dans mon placard. Un costume qui est moi, plein de couleurs, d'idées, de créativité, un costume sur mesure, mais je n'ai pas encore osé le porter. Je me laisse aller à essayer d'être ce que les autres attendent de moi. J'ai une faible estime de moi et de mes capacités, alors je n'ose rien faire... Je n'ose pas dire ce que je pense, je n'ose pas être qui je veux être... Je ne sais même pas si je sais vraiment qui je veux être. »

« Si vous êtes ce que vous devez être, vous mettrez le feu au monde entier ! »

Catherine de Sienne

On nous dit que « c'est la crise et l'austérité », alors nous nous sentons figés et limités. Nous avons parfois des envies ou des idées par rapport à la vie que nous voudrions mener, mais finalement trop souvent nous renonçons. Nos élans sont arrêtés net par des « oui mais... ». Il faudrait être réaliste, il faudrait être raisonnable, il faudrait retenir nos rêves et nos projets (ou les reporter à plus tard) et affronter « la dure réalité de la vie ».

Alors pour échapper à tout cela, nous cherchons par tous les moyens à nous « distraire » pour un peu oublier ce sentiment de limitation

et de non-réalisation. Nous fuyons derrière nos écrans de télévision ou le nez dans nos téléphones portables. Nous préférons voir la vie des autres défiler sur les réseaux sociaux ou cultiver le fantasme de partir loin en vacances, et nous comblons nos manques par des achats parfois désabusés.

Le constat final est que beaucoup trop de personnes sont aujourd'hui enfermées dans un monde de limitation et de peur. Et pourtant nous ne pouvons pas nier que nous vivons bel et bien dans un monde d'opportunités.

À travers ce livre, j'espère réussir le difficile challenge de vous aider à prendre conscience que vous n'êtes pas obligé de subir votre réalité, et que vous pouvez retrouver la puissance qui est en vous, cette force de la vie qui ne demande qu'à être activée. J'ai espoir de vous aider à voir les opportunités qui vous entourent, qui sont là mais que trop souvent vous n'arrivez pas à voir et encore moins à saisir.

J'ai choisi d'écrire ce livre car je sens que nos vies s'accélèrent et se remplissent, que nous entrons dans une ère où il est essentiel, peut-être plus que jamais, de ne pas perdre notre essence et de garder notre vitalité.

Ce livre est une invitation pour chacun à devenir entrepreneur de sa vie, et qu'ensemble nous puissions donner forme au monde.

Arrêtons d'être suiveurs et « pris en charge » par la société, prenons en charge notre propre vie. Arrêtons de croire que nous ne sommes pas capables, et activons nos capacités et nos talents. Arrêtons de vivre nos vies à moitié endormis. Réveillons-nous pour vivre vraiment !

À travers ce livre, je souhaite partager avec vous quatre principes fondamentaux que je remets sans cesse au cœur de ma vie, quatre piliers qui m'ont permis ces dernières années d'avoir l'audace de me créer une vie (extra)ordinaire tout en étant au final – comme nous tous – une personne plutôt ordinaire.

Ces grands principes, je les applique moi-même tous les jours de ma vie et ils me permettent de développer ma performance, ma créativité, ma réussite et mon plaisir.

J'ai voulu que ce livre soit facile à lire et ne tourne pas autour du pot. Je fais le choix de l'écrire avec mon cœur et mes tripes, et de ne pas m'embarrasser de propos superflus et « intellectualisés » qui pourraient m'éloigner de mon message.

Ce livre, je l'écris pour moi et pour vous. S'il vous touche, partagez-le avec vos amis et venez me retrouver sur mon blog pour échanger (www.christinelewicki.com).

FONDATIONS

Je sais que vous êtes sûrement curieux de découvrir les fameux quatre principes fondamentaux et de voir comment ils peuvent vous aider dans votre vie.

Et pourtant, avant de rentrer dans le vif du sujet, j'ai envie de prendre le temps d'une pause. Avant de commencer, j'ai besoin d'avoir une petite conversation avec vous.

Voyez-vous, si vous êtes en train de lire ce livre, c'est qu'une part de vous a envie de vivre sa vie plus réveillé. Vous avez envie de vous épanouir, vous avez envie de plus de richesses et de vitalité. Vous sentez bien qu'aujourd'hui ce qui fait votre quotidien n'est pas à la hauteur du potentiel de votre vie. Et j'ai bon espoir que ce livre puisse vous donner quelques clés pour vous aider à actionner des leviers importants pour vous et les personnes de votre entourage. Et pourtant, avant que vous continuiez à lire, je voudrais vous parler de deux ingrédients indispensables qui seront déterminants dans l'impact que ce livre pourra avoir pour vous.

Pour être honnête, je crois vraiment que si vous n'essayez pas de mettre ces deux ingrédients au cœur de votre vie, il ne sert à rien que vous continuiez à lire le reste de ce livre, car il ne vous sera pas possible d'en appliquer les principes de manière durable. Vous allez peut-être (je l'espère) passer un bon moment à me lire, mais ces deux ingrédients dont je vais vous parler maintenant sont incontournables pour pouvoir recevoir, transformer et ancrer dans votre vie et votre quotidien ce qui est écrit dans ce livre. Sans ces ingrédients, vous risquez de retourner sans plus attendre à vos vieux schémas de fonctionnement. Combien de livres de développement personnel sont en train de prendre la poussière sur vos étagères et dont vous avez oublié 95 % du contenu ?

Pour utiliser une image qui me vient en tête au moment où j'écris ces lignes, ne pas intégrer ces deux éléments serait comme s'acheter une belle voiture pour voyager, mais s'installer dans un lotissement entouré de murs qui vous empêchent de sortir.

Ces deux ingrédients indispensables sont donc votre réceptivité et votre ouverture aux possibilités. Laissez-moi développer ces deux points pour vous maintenant.

* J'active ma réceptivité

Votre réceptivité, c'est votre capacité à recevoir ce que ce livre peut vous apporter. C'est aussi votre capacité à entendre et ne pas ignorer les messages ou les idées qui vont remonter à la surface de votre conscience au fil de votre lecture. Cela commence par le fait d'écouter votre âme, votre source intérieure, et laisser votre intuition et vos belles idées entrer dans votre cœur et dans votre cerveau pour leur permettre d'enregistrer et de vraiment prendre en compte tous les mystères et toutes les possibilités qui vont se révéler à vous pendant la lecture de ce livre (et ensuite pendant tous les autres jours de votre vie).

Je voudrais vous inviter à être ouvert à l'idée qu'en lisant ce livre vous allez recevoir exactement ce que vous êtes venu chercher. Je voudrais vous inviter à laisser émerger ce qui se réveillera en vous au fil de ces quelques pages. Comme des bulles de champagne qui remontent à la surface, les propos tenus dans ce livre vont faire remonter en vous des bulles d'inspiration, des bulles d'intuition. Et je voudrais vous supplier d'être réceptif et de ne pas « mettre le couvercle » sur ce qui remonte.

Soyez à l'écoute et ne laissez pas votre petite voix intérieure fermer la porte à ce qui remonte avec des « ce n'est pas possible », « moi c'est différent », « ça ne marchera pas pour moi »... Laissez votre intuition vous guider et prenez cette lecture comme une opportunité de vous reconnecter avec votre être profond, plein de richesses qui ont envie d'être révélées.

Tout au long de la lecture de ce livre, ayez avec vous un petit carnet que vous aurez pris le temps de choisir. Vous pouvez, si vous le voulez, l'appeler votre *Carnet de pépites*. Ainsi quand une bulle remonte, quand une phrase que vous lisez vous touche particulièrement, notez-la dans votre *Carnet de pépites*. En étant dans votre carnet, elle aura déjà moins de chance de disparaître que si elle reste dans votre tête. Attention à ce que votre *Carnet de pépites* reste un carnet de pépites. Ne notez pas votre liste de course ou le numéro de téléphone du dentiste dedans ! Notre tête est tellement pleine d'autres choses « urgentes » (en général ce sont des choses à faire), que nous avons en effet tendance à oublier les choses « importantes » (comme nos grandes idées). Ce carnet sera votre lieu « sacré » où vous pourrez prendre note, capturer et enregistrer toutes ces choses belles et grandes qui vous font vibrer.

> *« Lorsque vous êtes réceptif, vous laissez les miracles se produire. »*
>
> **Shajen Joy Aziz et Demian Lichtenstein**

Sachez que si, à la lecture de ce livre, quelque chose vous parle ou vous touche, ce n'est pas par hasard. Ce n'est pas parce que j'écris bien ou parce que ce que j'écris est intelligent ! Non, si quelque chose vous touche, c'est parce que cela vient titiller quelque chose qui est en vous et qui demande à être révélé. Si ça vous interpelle, alors c'est que c'est important et qu'il ne faut pas l'ignorer. Ces bulles qui remontent sont précieuses car elles portent en elles les trésors de ce que vous voulez vraiment pour vous-même. Alors soyez à l'écoute et à l'affût des bulles et des pépites, et notez-les dans votre carnet.

Trop souvent nous ne sommes pas réceptifs à ces pépites. Dès qu'elles surgissent, nous les ignorons ou nous les rejetons sous prétexte que ce n'est pas possible, que nous ne sommes pas capables, que c'est n'importe quoi, que ce n'est pas réaliste ou raisonnable. Je voudrais vous inviter à renverser cette tendance et à au contraire vous servir de votre petite voix négative comme un indicateur que, sous vos limites, se cache une pépite. Si vous avez une idée et qu'immédiatement derrière vous vous retrouvez à penser que « c'est vraiment n'importe quoi », alors soyez en alerte ! Ce « n'importe quoi » est un indicateur que vous êtes en train de toucher du doigt quelque chose d'important pour vous. En effet, ne pensez-vous pas que, si votre idée était médiocre, petite, confortable ou sans importance, vous n'auriez pas besoin de la rejeter ou de la diminuer ? Si vous la rejetez, si vous cherchez à la nier, c'est que quelque part vous avez peur. Si l'enjeu était sans importance, alors vous n'auriez aucune raison d'avoir peur. Si vous avez peur, c'est que c'est important. Je vais répéter cela : si vous avez peur, c'est que c'est important.

Quand vous êtes réceptif, vous arrivez à voir et entendre les opportunités. Vous êtes en alerte comme un animal à l'affût et vous arrivez à sentir les choses, vous arrivez à voir ce qui ne se voit pas forcément à l'œil nu ou à voir ce qui est important dans la masse des choses qui vous entourent.

Être réceptif, c'est se lever le matin curieux et en alerte pour recevoir ce que la vie va nous donner. En activant notre réceptivité petit à petit, nous nous retrouvons face à de plus en plus de coïncidences et de plus en plus d'opportunités de vivre notre vie pleinement réveillés et engagés. Si nous ne sommes pas réceptifs, nous ne pourrons ni voir, ni entendre, ni sentir ce qui est possible pour nous, et nous resterons coincés dans une réalité qui ne nous convient pas forcément car nous ne saurons pas comment faire autrement.

Pour être réceptifs, il faut apprendre à vivre dans la confiance et surtout être prêts à recevoir ce que nous sommes venus chercher. Pour être réceptifs, il faut laisser les bulles remonter et savoir que si elles remontent, c'est qu'elles contiennent quelque chose de précieux. Développer notre propre réceptivité nous permet de nourrir ce savoir intime que la vie est avec nous, et non pas contre nous, et que quelque chose de puissant et de merveilleux est en train de se passer, ici et maintenant. C'est aussi savoir que nous sommes destinés à bien plus que ce qui apparaît dans notre vie, et faire confiance.

Je voudrais vous inviter à adopter ce point de vue sur la vie. Je sais que ce n'est pas facile. Cela demande de la pratique. C'est aussi et surtout un choix profond de « perspective », mais je vous encourage vraiment à essayer et vous verrez que c'est merveilleux.

Découvrons maintenant l'autre ingrédient incontournable après votre réceptivité : c'est votre ouverture aux possibilités.

2 * Je m'ouvre aux possibilités

Une possibilité évoque l'idée que nous sommes ouverts à l'idée que quelque chose (de bien, de mieux) peut se produire dans notre vie. Quand vous vous levez le matin, vous pouvez choisir d'aller à la recherche des possibilités, plutôt que de faire l'inventaire de vos manques et de vos obstacles. Une possibilité, c'est une porte d'accès à ce que l'on souhaite, au milieu de nos limites et de nos contraintes. Bien souvent, ce qui limite le plus les possibilités dans notre vie, c'est notre manque d'imagination et nos croyances limitantes.

Le « possible » se trouve souvent quand on accepte de faire le vide de nos idées préconçues, quand on accepte de voir en dehors du cadre fixe et rigide qu'on a laissé se créer autour de nous. Le « possible » existe quand on fait le vide de nos limites et de nos *a priori*. C'est un peu comme si vous enleviez tous les meubles dans votre salon. Une fois que la pièce est vide, tout devient possible. Vous pouvez désormais transformer votre salon en chambre, en salle de danse, en patinoire, en atelier de peinture. La limite de ce que vous pouvez faire de cette pièce est dans votre imagination. Dans la vie, c'est pareil, on peut faire le vide et accéder à l'infini des « possibles ».

Votre ouverture aux possibilités est importante je pense, car si vous êtes en train de lire ce livre, c'est qu'une part de vous a envie de reprendre sa vie en main. Vous sentez bien que vous êtes en train de vivre votre vie à moitié endormi et vous avez envie d'être pleinement réveillé. Pour reprendre votre vie en main, vous avez envie de ne plus fonctionner en pilote automatique et vous voulez faire des choix plus conscients. Or pour pouvoir faire des choix, il faut d'abord accepter que vous ayez le choix ! Sinon vous ne pourrez rien choisir ! C'est pourquoi, au fil de votre lecture, je veux vous inviter à vous ouvrir à la possibilité qu'il y a quelque chose de puissant et de brillant en vous qui est prêt à être révélé.

Certains d'entre vous sont peut-être en train de traverser une période difficile à la maison, en famille, au travail ou sur le plan de la santé, je sais que ce n'est pas facile, mais je voudrais vous inviter à envisager la possibilité que ces difficultés que vous êtes en train de vivre ne sont pas là pour vous faire flancher. Au contraire, au cœur de cette souffrance réside une opportunité pour vous de grandir et de devenir encore plus la personne que vous avez envie d'être.

Notre vie est parfois remplie de choses difficiles et de personnes qui nous polluent. On a l'impression de vivre dans le chaos et pourtant, quelles que soient les circonstances, nous pouvons toujours choisir la possibilité de rayonner là où nous sommes, ne pensez-vous pas ?

Si vous êtes en train de lire ce livre, c'est que probablement il y a quelque chose en vous qui commence sérieusement à vous chatouiller, à vous grattouiller. Une certaine conscience que votre vie est remplie de trop de limites et que vous ne la vivez pas pleinement. Vous avez envie de rayonner et vous pressentez que vous êtes destiné à vivre plus que ce qui apparaît dans votre vie actuellement. Vous avez conscience que vous pourriez avoir une vie plus riche dans laquelle vous vous sentiriez pleinement épanoui.

Or si vous lisez ces pages avec la croyance que vous n'avez pas le choix, alors vous perdez votre temps. Quel est l'intérêt de lire des livres de développement personnel si, au fond de vous, vous n'êtes pas ouvert à la possibilité de votre propre développement ?

Je sais que ce n'est pas toujours évident. Certains d'entre vous sont peut-être dans une phase de leur vie où vous vous sentez plus fragiles et vulnérables. Si vraiment vous vous sentez complètement meurtri par la vie et coincé dans vos blessures, alors ce n'est peut-être pas le meilleur moment pour vous de lire ce livre. Il est peut-être plus important que vous preniez le temps de prendre soin de vous d'abord, et que vous trouviez la bonne personne qui a les outils adaptés pour vous accompagner (un médecin, un psychiatre, un psychologue...).

Mais si vous vous sentez prêt à affronter vos limites, à sortir de votre zone de confort et à prendre votre vie en main, alors je voudrais vous demander de vous engager à ne pas fermer la porte aux possibilités qui vont émerger quand vous allez lire ce livre. Autrement ce serait franchement du gâchis.

* Un cocktail détonnant

Quand vous combinez votre réceptivité et votre ouverture aux possibilités, alors vous pouvez vous ouvrir aux « possibilités des possibilités ».

Je tiens à vous prévenir aussi que s'ouvrir aux possibilités, c'est aussi accepter que ce qui va devenir possible pour vous (suite à la lecture de ce livre) n'est peut-être pas ce que vous aviez prévu !

Je me souviens très bien du jour où j'en ai moi-même fait l'expérience.

Témoignage de Christine

Je m'étais inscrite à un séminaire de coaching pour entrepreneurs afin de développer mon activité professionnelle. Lors de ces trois jours de séminaire, nous avons eu la chance de suivre un atelier avec Tim Kelly, intervenant brillant qui aide les stagiaires à trouver leur vocation. Il est l'auteur du livre True purpose : 12 strategies for discovering the difference you are meant to make *(voir Bibliographie, p. 223).*

À cette époque, je venais de passer quatre années de galère à développer mon cabinet de coaching, O Coaching Inc., aux États-Unis. J'avais passé un temps fou à bâtir mon nouveau site Internet, à rédiger mes articles sur mon blog et à structurer mon offre et mes programmes (tout en anglais). J'avais essayé, raté, recommencé, douté. Je m'étais longtemps comparée aux autres (et sentie moins bien qu'eux). Pendant longtemps, je m'étais sentie petite, nulle et insignifiante. J'avais passé plusieurs années à tourner en rond, mais à la date de ce séminaire, cela faisait environ dix-huit mois que mon cabinet de coaching prenait enfin forme, que je développais une réelle clientèle et que je générais enfin des revenus décents.

J'accompagnais (et je le fais toujours) des experts à s'affirmer à travers toute une série de programmes individuels et de groupes. Ma clientèle était locale et je commençais à être connue sur le marché californien. Mon mari travaillait aussi d'arrache-pied pour développer son activité aux États-Unis et, après plusieurs années de galères, nous étions enfin en train de récolter les fruits de notre travail. Nous commencions tout juste à sortir la tête de l'eau. Tout commençait à rouler et je m'étais inscrite à ce séminaire pour aller plus loin et pousser le développement de mon activité.

*Ce jour-là, je me retrouvais donc seule sur ma chaise au milieu d'une salle de cent cinquante personnes. Tim Kelly nous demandait de suivre les étapes d'un exercice pour nous aider à connecter notre entreprise avec notre vocation (*purpose *en anglais). Je trouvais l'idée de donner plus de sens et de profondeur à mon business très intéressante, alors je notais mes réponses aux questions de Tim Kelly au fur et à mesure dans mon carnet. Alors que l'exercice avançait, j'ai commencé à sentir une grosse boule dans mon ventre. Au fur et à mesure de ses questions, je me retrouvais à écrire des choses sur mon carnet qui n'allaient pas du tout dans le sens que j'avais prévu et qui, même, chamboulaient tous mes plans. Toutes mes réponses semblaient m'indiquer que ma vocation était de travailler avec la France.* A priori *l'idée n'était pas forcément mauvaise mais, moi, cela ne me convenait pas du tout. J'avais passé tellement de temps à développer mon activité aux États-Unis, je commençais tout juste à en profiter, je me versais enfin un salaire. J'avais passé tellement de temps à tourner en rond, il n'était pas question que je recommence tout. Personne ne me connaissait en France. Je n'avais pas de site Internet français, je n'avais rien à proposer aux Français. Il faudrait tout recommencer à zéro, il n'en était pas question.*

Alors que l'exercice continuait, je me retrouvais à résister et j'essayais d'orienter mes réponses pour qu'elles prennent le sens que je voulais. Le sens qui me semblait être le bon sens pour moi et ma famille. Et pourtant, alors que je résistais, je commençais à comprendre que si je voulais faire cet exercice jusqu'au bout, je devais baisser ma garde et laisser tomber mes barrières. Je devais en profiter pour oser explorer ce qui était en moi et qui demandait à être révélé.

Et c'est ainsi que je me suis retrouvée à la fin de l'exercice debout devant toute la salle avec le micro dans les mains, pour déclarer que ma grande découverte (suite à cet exercice) était de contribuer à changer l'état d'esprit français en commençant par changer mon propre état d'esprit sur la vie.

J'avais le souffle coupé, les bras m'en tombaient. Comment faire pour tout recommencer ? Pourquoi tout recommencer ? Ce fut un tel effort de développer mon activité aux États-Unis. Et mon mari et mes enfants, ils ont leur vie ici. Je n'ai pas prévu de déménager ! Et puis, franchement, contribuer à changer l'état d'esprit des Français en me changeant moi-même, franchement « c'est n'importe quoi », et puis ce n'est pas un business. Je ne vais jamais réussir à générer des revenus d'un truc aussi dingue. Une petite voix dans ma tête me disait : « Pour qui tu te prends ! », et surtout « que vont penser les autres ? » D'ailleurs au moment où j'écris ces lignes, je suis toujours inquiète de ce que les autres (y compris vous lecteurs !) peuvent penser.

Et pourtant, ce jour où j'ai osé être réceptive à ce qui voulait se révéler à travers moi (même si ce n'était pas du tout ce que j'avais prévu) fut le tournant de ma vie.

Ensuite des « miracles » ont commencé à se produire. Pendant ce même séminaire, j'ai entendu parler du livre d'Edwene Gaines, Les 4 lois de la prospérité *(voir Bibliographie, p. 223), qui proposait de ne pas râler pendant 21 jours. Je me suis sentie profondément vibrer à la découverte de cette idée, alors j'ai choisi de ne pas l'ignorer. J'ai choisi d'entendre (réceptivité) cette chose qui me faisait vibrer et, lorsqu'un soir, quelques mois plus tard, je me suis retrouvée épuisée sur mon lit à prendre conscience que j'avais râlé toute la journée, j'ai eu comme un déclic, et je me suis dit que je devais relever ce challenge dans ma vie, pour moi et pour ma famille. Toute l'aventure de* J'arrête de râler *(voir Bibliographie, p. 223) a commencé là. J'ai débuté mon challenge et le même jour j'ai ouvert un blog en français pour partager en vidéo avec mes amis mon cheminement vers le changement. À ma grande surprise, les vidéos de mon blog ont fait le tour des réseaux sociaux en seulement quelques jours, et avant que je puisse m'en rendre compte, j'avais des milliers de visiteurs qui voulaient suivre mon histoire et commencer eux aussi le même challenge. Les journalistes ont commencé à me contacter et ma vocation est devenue réalité comme par magie. Le blog a donné naissance un an plus tard à un livre.*

Aujourd'hui, à l'heure où je vous écris, le livre est devenu un best-seller en développement personnel. Il est sur le point d'être édité en format poche et je fais des conférences en entreprises et dans toutes les villes de France pour parler de mon histoire.

(Vous pouvez visiter le blog www.jarretederaler.com pour retrouver toute cette aventure.) »

La grande leçon de cette aventure est que, parfois, il faut accepter de faire du vide et d'abandonner l'idée de comment « devrait » être notre vie. Apprenons à être ouverts et engagés, à vivre notre vie pleinement réveillés mais pas forcément attachés à ce à quoi « doivent » ressembler les choses.

D'ailleurs, pour vivre pleinement réveillés, nous allons sûrement devoir faire des choses que nous n'avions absolument pas prévues. Des choses peut-être même inconfortables car nous devrons sortir de notre zone de confort et lâcher ce que nous connaissons ou ce que nous croyons raisonnable.

Quand nous filtrons les possibilités par rapport à notre zone de confort, nous nous limitons (comme lorsque je voulais ignorer mes réponses lors de mon séminaire).

Quand nous fermons la porte aux choses que nous voulons vraiment faire parce que cela nous fait peur, alors nous passons à côté de la puissance de notre vie. D'ailleurs, je remarque souvent que la puissance de notre vie est justement de l'autre côté de la peur. Vous ne pensez pas ?

Oui, nous avons tous en nous une puissance et une force incroyable (oui vous aussi !), mais bien souvent nous ne saisissons pas les opportunités, nous ne voyons pas ce qui est possible pour nous car nous sommes enfermés dans notre zone de confort.

« L'homme devient souvent ce qu'il croit être. Si je continue à me dire que je ne peux pas faire une certaine chose, il est possible que je puisse finir par devenir vraiment incapable de la faire. Au contraire, si j'ai la conviction que je peux la faire, je vais sûrement acquérir la capacité de la faire, même si je ne peux pas l'avoir dès le début. »

Mahatma Gandhi

Aujourd'hui, je voudrais vous inviter à bien considérer votre zone de confort et à être attentif à ce qu'elle ne soit pas en réalité votre zone de médiocrité. En restant dans ce que vous connaissez, ce que vous maîtrisez ou ce qui vous semble confortable (ou raisonnable), vous limitez votre vie et vous vivez peut-être à moitié endormi.

Je me souviens encore d'une de mes clientes, Marie, qui voulait réussir à oser voir grand pour son activité, mais qui ne se l'autorisait pas. Elle se disait qu'elle n'était pas légitime pour développer sa carrière. Elle pensait qu'il lui manquait quelque chose, des connaissances, une expertise, de la bouteille, du bagou, etc., et elle laissait ce sentiment de lacune l'empêcher d'avancer.

Souvenez-vous, c'est en écrivant un livre qu'on devient auteur, en montant sa propre entreprise qu'on devient entrepreneur, en décrochant sa promotion qu'on devient manager… Ne laissons pas les circonstances ou le présent limiter notre devenir. Arrêtons de nous empêcher de voir les possibilités et de saisir les opportunités. Il est temps que nous acceptions que c'est justement en sortant de notre zone de confort que nous pouvons activer nos talents, nous dépasser et révéler la nouvelle version de nous-mêmes.

Activez votre réceptivité et ouvrez-vous aux possibilités ! C'est ainsi que vous pourrez (re)découvrir une partie de vous que vous aviez oubliée.

* Je change mes requêtes

Ces notions de réceptivité et d'ouverture aux possibilités m'ont permis de prendre conscience que, dans ma vie, il fallait aussi que je change mes requêtes et mes questions. C'est le révérend Michael Bernard Beckwith qui m'a le premier initiée à l'idée qu'il fallait que j'arrête de me poser des questions destinées à réparer ou corriger ma vie (*Discover the gift*, voir Bibliographie p. 223). Il fallait que j'arrête de me dire : « Comment je peux ne plus souffrir ? », « Comment je peux avoir plus de choses ? » ou « Comment je peux réussir ? », « Comment je peux gagner plus d'argent ? », etc. Au contraire, il fallait que j'apprenne à me poser d'autres questions bien plus puissantes (et intéressantes) qui pourraient activer ma réceptivité et m'ouvrir aux possibilités, comme par exemple : « Qu'est-ce qui est en train d'émerger et de se révéler à travers moi ? »

J'ai appris à me répéter régulièrement aussi les questions suivantes : « Comment je peux devenir encore plus moi-même ? », « Comment puis-je activer mon potentiel ? » Et surtout j'ai appris à être réceptive pour pouvoir entendre mes réponses sans me fermer aux possibilités qui s'ouvraient devant moi.

Ces nouvelles questions sont magiques car elles nous permettent d'entendre l'inaudible et de voir l'invisible ! Elles transforment notre vie en une merveilleuse aventure où notre plus grande mission n'est plus de nous corriger, mais de nous révéler tous les jours davantage. Je voudrais vous inviter à les noter dans votre *Carnet de pépites*.

- « Qu'est-ce qui est en train d'émerger et de se révéler à travers moi ? »
- « Comment je peux devenir encore plus moi-même ? »
- « Comment puis-je activer mon potentiel ? »

J'espère dans ce livre réussir à vous donner quelques pistes pour avancer sur ce chemin.

Dans les chapitres qui suivent, je vais développer un à un les quatre principes fondamentaux que je mets tous les jours au cœur de ma vie. Mais avant, je voudrais prendre le temps de vous expliquer d'où viennent ces quatre principes pour que vous puissiez mieux les comprendre.

Si aujourd'hui je prends le temps d'écrire ce livre, c'est parce que plusieurs d'entre vous (et notamment mes proches) sont venus vers moi pour me demander : « Comment fais-tu ? » Comment fais-tu pour te créer une vie aussi (extra)ordinaire et épique, tout en maintenant aussi une vie ordinaire ? Comment fais-tu pour mener de front ta vie d'entrepreneuse, de coach, d'auteure, de femme, tout en allant aussi chercher tes trois jeunes enfants à l'école ? Comment fais-tu pour jongler avec la logistique familiale et tes engagements professionnels ? Et surtout, comment fais-tu pour avoir toujours autant de dynamisme et une vision aussi positive de la vie ? Comment fais-tu pour ne pas te laisser polluer par la morosité ambiante ? Comment fais-tu pour oser voir grand et rêver alors que tout le monde nous dit que c'est l'austérité ? Comment fais-tu pour profiter autant de la vie tout en accomplissant autant ? La réussite et le travail ne sont-ils pas censés être difficiles ? Comment peut-on réussir sans en baver ? Tu as l'air de tellement t'amuser !

Au début, je ne savais pas vraiment comment répondre à ces questions. Je disais : « Je ne sais pas, j'ai arrêté de râler et c'est déjà énorme, ça a changé ma vie. » C'est vrai que de me sevrer de l'habitude de

> *« Beaucoup de gens meurent avec leur musique toujours en eux. Pourquoi est-ce ainsi ? Trop souvent c'est parce qu'ils sont constamment en train de se préparer à vivre. Avant qu'ils se rendent compte, ils n'ont plus de temps. »*
>
> **Oliver Wendell Holmes**

râler a changé ma vie, et c'est la toute première chose que je vous recommande de faire si vous voulez vivre votre vie pleinement réveillé (nous en reparlerons au Principe n° 3). Et pourtant au fond de moi, je savais que mon challenge pour arrêter de râler n'était pas la seule chose qui contribuait à cette chouette vie que j'avais su me créer.

Alors j'ai commencé à me poser moi-même la question : « Est-ce qu'il y a quelque chose de spécial que je fais dans ma vie et qui me porte ? Est-ce qu'il y a des choses sur lesquelles je m'appuie tout particulièrement ? Quels sont les piliers de ma vie ? »

C'est alors que j'ai commencé à m'observer et à prendre des notes. J'ai fait une collecte de toutes ces choses qui sont au cœur de ma vie et, après un travail de sélection et de regroupement, j'ai pu voir apparaître quatre principes fondamentaux qui gouvernent ma vie. Quatre vérités (pour moi) sur lesquelles je reviens tout le temps et qui sont à la source de tous mes accomplissements, et surtout au cœur de la gestion de mon quotidien. Ces quatre principes ne sont pas forcément valables pour tout le monde, et je ne prétends absolument pas qu'ils sont des clés miraculeuses applicables à toutes les situations. Mais ils ont un tel impact dans ma vie que j'ai eu envie de les partager et de voir ce qui allait se passer.

J'ai alors choisi de réunir un groupe d'une vingtaine de personnes pour un séminaire de trois jours. Mon intention était de leur transmettre ces quatre principes pour voir ce qu'elles pourraient en faire dans leur vie.

Avant d'écrire le livre, c'était en effet important pour moi de valider que ces quatre principes, qui m'aidaient moi, pouvaient aussi s'appliquer à d'autres. Le résultat de ce séminaire fut époustouflant (vous trouverez de nombreux témoignages sur www.christinelewicki.com/wake-up). Les participants ont joué le jeu jusqu'au bout et grâce à leur ouverture et leur authenticité, nous avons pu ensemble co-créer de la magie. À l'issue de ces trois jours, j'ai su qu'il fallait que j'ose mettre tout cela dans un livre pour le rendre plus accessible. Si bien qu'aujourd'hui, je suis en train d'écrire ce livre pour vous et je prépare les nouvelles versions de ce séminaire sur plusieurs continents de notre belle planète !

PRINCIPE N° 1

J'OSE ÊTRE BRILLANT(E)

CE QU'IL **FAUT**

SAVOIR

Savez-vous que nous avons tous en nous de la brillance et que vous avez été mis sur cette terre avec des dons qui vous sont uniques ? En effet, nous avons en nous certaines habilités ainsi qu'une richesse intérieure qui nous est propre, et la vie nous donne une merveilleuse opportunité de les partager.

* J'active ma brillance

Nous avons pris l'habitude de mettre en avant les compétences que nous avons acquises durant nos études ou grâce à notre expérience professionnelle, mais je voudrais aujourd'hui vous inviter à réaliser que nos dons sont bien plus vastes que ceux répertoriés dans des grilles de compétences professionnelles bien pensées, et c'est justement pour cela que bien souvent nous leur accordons peu d'importance (comme si ces dons devaient être d'abord reconnus par la société pour avoir de la valeur à nos yeux).

Peut-être savez-vous naturellement apporter de la bienveillance dans la vie des autres, ou bien mettre en forme des idées, ou bien inventer des choses qui n'existent pas. Peut-être que votre don (comme mon papa) réside dans votre talent de visionnaire qui se projette toujours dix ans en avant ou, au contraire, est-ce votre capacité à rester ancré dans l'instant présent. Peut-être que votre don est dans la manière unique que vous avez de créer du lien entre les gens, ou bien votre art de combiner les épices et les aliments. Peut-être que le leadership coule dans vos veines ou que c'est à travers votre coup de crayon que votre talent s'exprime...

Nos dons sont variés. Aussi variés qu'il existe d'êtres vivants sur cette terre ! Quand je parle de don, j'aime bien aussi parler de zone de génie ou de *sweet-spot*. Je mets sous ces mots toutes ces choses ou ces situations qui activent le meilleur de nous-mêmes apparemment sans effort. Ces situations où nous pouvons « être géniaux » car nous avons su nous libérer de notre carcan et nous nous sommes donné la permission d'être tout simplement nous-mêmes.

Peut-être que vous vous servez déjà de votre brillance, ou peut-être que vos talents ne sont pas aujourd'hui exploités dans votre vie car vous êtes trop occupé à rentrer dans le moule des compétences officiellement reconnues par la société.

Votre zone de génie n'est pas la même que la mienne. De la même manière que personne ne possède les mêmes dons que moi. Mais il y a des dons similaires. En effet, en ce qui me concerne, je vois bien qu'il y a plein d'auteurs qui écrivent des livres passionnants et pertinents, et des conférenciers ou des coachs qui partagent un message remarquable et qui font un travail merveilleux dans ce monde. Je lis moi-même beaucoup de livres et je suis toujours en train de chercher à apprendre des autres. Pendant longtemps, je me suis comparée à ces personnes et je me sentais toujours « moins bien qu'eux ». Et pourtant, grâce à mon chemin de développement personnel, j'ai enfin pu prendre conscience que ma brillance n'était pas comparable à celle des autres ; que l'important n'était pas d'être aussi bien que quelqu'un qu'on admire, mais plutôt de se donner la permission d'être simplement encore plus soi-même.

Plutôt que de regarder à l'extérieur et de me comparer aux autres, j'ai appris à honorer ce qui est à l'intérieur de moi. Moi aussi j'ai mon *sweet-spot* !

Nous avons tellement l'habitude de prendre pour acquis ce que nous savons faire, et de mettre toute notre attention sur nos manques et nos faiblesses, qu'il m'a moi-même fallu plusieurs années pour oser nommer mes talents, pour accepter leurs valeurs, et surtout pour oser les activer. Et aujourd'hui je dois bien admettre que ce sont eux qui sont à la source de mes plus belles réussites.

C'est pourquoi je voudrais vous inviter à vous lancer dans cette aventure d'exploration : allez ouvrir la boîte à trésors de votre richesse intérieure et osez regarder et honorer ce que vous y trouverez. Ce n'est pas une aventure simple, il est vrai, car c'est très difficile d'être objectif en ce qui concerne nos talents. C'est difficile de toucher du doigt ce qui est unique et important, car cela nous semble tellement naturel que nous n'en voyons souvent pas la valeur. Et pourtant c'est une aventure importante dans laquelle je voudrais tous vous inviter à vous engager, car de l'autre côté se trouvent votre accomplissement et votre épanouissement. Sachez que votre ouverture d'esprit et votre volonté de trouver ce que vous êtes en train de chercher feront toute la différence.

Personnellement, je suis enfin parvenue à admettre que j'ai en effet une manière bien à moi de faire, de vivre, de communiquer et de transmettre les choses. Je ne dis aucunement que ma manière est meilleure que celle des autres (loin de moi cette pensée), mais c'est pourtant la meilleure manière (pour moi) de faire les choses.

J'ai ma voix, mon ton, mon message, mes centres d'intérêts et certaines choses me font vibrer plus que d'autres. Ce qui est fascinant, c'est de faire tous les jours le constat que, plus je fais les choses à ma manière, en activant le meilleur de moi-même, sans me soucier de ce qui se fait ou de ce que les autres vont penser, plus j'arrive à toucher les autres. Plus j'écris à ma manière, plus je fais des séminaires qui me ressemblent et dans lesquels je partage mes passions, plus je me lâche et je m'amuse en conférence... Bref, moins je cherche à tenir la posture du « coach » et de « l'auteur », et plus je cherche à être simplement moi, plus je contribue au monde.

Je remarque souvent que nous avons tendance à utiliser nos dons sans forcément prendre conscience de leur valeur. Cette perception minimisée de nos dons a des conséquences importantes car puisque nous n'en voyons pas la valeur, nous oublions de les activer et parfois même ils finissent par rouiller. En plus, comme nous ne les activons pas, nous passons outre notre nature, et du coup nous ne nous sentons pas accomplis.

Personnellement, je crois profondément que ces talents uniques sont le cadeau que la vie nous a donné, et que finalement notre devoir et notre plus grande mission de vie seraient de nous donner la permission de les activer pleinement, et non pas « modestement ». Je dis « modestement » pour parler de toutes ces fois où l'on se limite, où l'on n'ose pas, où l'on ne veut pas déranger ou se mettre en avant... parce qu'on a peur de ce que les autres vont penser.

* Je débride ma modestie

Peut-être avons-nous été élevés dans une famille où on nous a répété : « tu n'es pas le centre du monde », « pour qui tu te prends ». Nos parents ont voulu nous apprendre la modestie afin de ne pas devenir des personnes imbues d'elles-mêmes avec une fâcheuse tendance à écraser les autres. Je suis moi-même maman de trois jeunes enfants, et je comprends tout à fait le rôle que nous avons à jouer, nous parents, pour aider nos enfants à grandir et à devenir des adultes qui pourront trouver leur place dans la société.

Et pourtant, je dois bien faire le constat que pour la grande majorité des personnes que je rencontre (y compris moi-même), cet idéal de modestie nous limite plus qu'il nous pousse à nous positionner dans la vie.

À vouloir être modeste, on se sent obligé de diminuer ses talents et on finit par être incapable de les voir. À vouloir être modeste, on n'ose pas prendre sa vie en main. À vouloir être modeste, on se diminue et, petit à petit, on se retrouve à trop douter de soi-même. À force d'être modeste, on développe une culture modeste à l'échelle de sa famille, mais aussi de son bureau, de sa communauté et finalement de son pays.

Avez-vous remarqué comme nous avons souvent tendance à nous sentir obligés de nous aligner sur la norme du plus petit et du plus pauvre ? On ne peut pas se permettre d'être brillant et de réussir notre vie sous prétexte qu'en faisant ainsi on risquerait de laisser les autres (les plus démunis et les moins chanceux) à la traîne. Quel gâchis de richesses et de talents !

C'est devenu honteux de réussir, honteux de se mettre en avant, honteux de bien gagner sa vie, honteux de bâtir un capital, honteux de générer du profit. Finalement à force de cultiver la modestie, on cultive la médiocrité. J'ai bien conscience que mes propos peuvent choquer et peut-être que je vais me faire incendier pour les avoir écrits. D'ailleurs pour ne pas trop « déranger », j'ai moi-même eu envie de les retirer de ce livre. Et pourtant n'y voyez-vous pas une part de vérité ? Nous sommes tous tétanisés à l'idée de voir grand et donc d'activer la grandeur qui est en nous. Nous avons peur de ce que vont penser les autres. Alors nous nous rabattons sur notre petite vie simple et ordinaire sous prétexte d'authenticité. Mais il est tout à fait possible d'être authentique et brillant. Il est tout à fait possible de réussir et de contribuer au monde. Il est même de notre devoir d'activer notre brillance pour donner forme à ce monde qui est le nôtre, et bâtir l'avenir de notre pays pour nos enfants et nos petits-enfants.

Je me souviens de l'histoire d'un jeune couple qui avait fait le choix de ne pas développer leurs carrières car ils voulaient une vie ayant plus de sens. Ils étaient tous les deux capables de grandes choses mais ils avaient choisi au contraire de voir petit par peur de perdre leurs valeurs. Quand on leur demandait comment ils comptaient financer les études de leurs enfants plus tard, ils répondaient qu'il existait des bourses pour les aider. Le problème avec ce scénario, c'est que les bourses sont faites pour ceux qui ne peuvent pas financer les études et non pas pour ceux qui choisissent de ne pas activer leur brillance par confort.

Les bourses ne sont pas faites pour ceux qui choisissent de ne pas activer leurs talents. Et d'où vient cette idée saugrenue que réussir sa vie rime avec perdre ses valeurs ? Nous avons besoin d'exemples de personnes qui réussissent et qui vivent pourtant pleinement leurs valeurs. Et ces personnes, c'est vous, c'est moi, c'est nous.

Pourquoi avons-nous autant peur de la réussite ? Comment pouvons-nous bâtir le monde de demain si, par peur de perdre nos valeurs, nous choisissons de voir petit et de rester à la charge de ce même monde ? Comment pouvons-nous bâtir le monde de demain sans oser nous permettre de sortir des rails pour créer le changement qui aille dans le sens de nos valeurs ?

Il est urgent que nous nous réveillions et que nous prenions conscience que nous sommes capables de bien plus que ce que nous pensons. Nous avons été mis sur cette terre avec des ressources, des talents, et une grande richesse intérieure. Et c'est à nous de devenir des exemples et de prouver qu'il est possible de réussir et d'étendre notre pouvoir tout en ne perdant pas notre âme. Bien au contraire ! Quand nous activons notre brillance, nous nous donnons la permission d'être encore plus nous-mêmes et de partager avec le monde notre richesse.

Témoignage d'Emmanuelle

Paul, mon fils de dix-huit ans actuellement en prépa, me disait récemment qu'il n'était pas attiré par l'entreprise car il voulait décrocher une mission « noble », utile à l'humanité, et pas uniquement au service du capital.

Je lui ai répondu que ce sont justement des gens comme lui qui doivent se faire un devoir d'accéder aux postes à responsabilité dans les entreprises, pour les humaniser, et que le capital ait une plus noble utilité.

Durant l'écriture de ce livre, je me suis découvert un intérêt tout particulier pour cette notion de modestie et j'ai eu envie d'aller voir la définition exacte de ce mot dans le dictionnaire.

Modestie (Larousse) : modération, réserve, retenue dans l'appréciation de soi-même.

La modestie implique une notion de faiblesse, et implique aussi de cacher quelque chose qui pourrait déranger. La modestie est aussi une lingerie fine placée au milieu d'un corsage pour en atténuer le décolleté !

Donc la modestie serait cette chose qu'il faudrait pratiquer pour retenir notre brillance. Pour être modeste, nous devrions cacher une partie de nous-mêmes (peut-être séduisante) qui pourrait déranger les autres ?

Je ne sais pas ce que vous en pensez, mais moi, tout cela me pose question. Quelle est la règle de bienséance ou de politesse qui voudrait qu'on se diminue pour ne pas déranger ? Sommes-nous condamnés à retenir notre brillance et contenir notre puissance pour trouver notre place dans la société ?

Le problème avec cette notion de modestie, c'est que c'est une notion qui nous fait perdre nos moyens. Une notion qui nous fait douter de nous-mêmes et de nos capacités à prendre notre vie en main ou à accomplir ce qui nous tient à cœur. À force de modestie, on finit par oublier qui nous sommes. On oublie la force, la richesse et la puissance qui sont en nous et, du coup, on n'en fait pas profiter le monde. Nous finissons par croire que nous ne sommes pas capables de réaliser nos rêves ou d'aller au bout de nos grands projets. Et à force de nous diminuer, nous commençons à vivre notre vie à moitié endormis. Nous nous laissons aller dans le courant du quotidien, nous faisons comme tout le monde, nous nous conformons à ce que nous croyons que la société attend de nous et nous passons à côté de la grande vie que nous aurions pu vivre. À force d'ignorer cette brillance qui est en nous, nous nous retrouvons un jour à nous demander si nous sommes vraiment en train de vivre la vie que nous voulons. Nous nous retrouvons avec l'impression d'avoir laissé notre personnalité et nos talents à la porte d'entrée de notre vie d'adulte (et même souvent bien avant, dès notre entrée à l'école) afin de pouvoir nous intégrer.

Nous nous retrouvons à vivre notre vie en suiveurs et, bien souvent, entourés de suiveurs. Nous n'osons pas être brillants car bien souvent nous avons oublié que nous possédons cette brillance en nous.

Nous n'osons pas être brillants parce que nous n'avons pas assez d'exemples de personnes autour de nous qui activent leur brillance. Nous n'osons pas être brillants car nous ne voulons pas « sortir du lot ».

La norme est de se conformer. La norme est de rester modeste et de « présenter » une vie modeste. Les rares personnes qui osent activer leurs talents pleinement se retrouvent d'ailleurs bien souvent jugées par notre société. Elles sortent de la norme et cela met mal l'aise, alors elles sont accusées : d'être malhonnêtes, d'être privilégiées et tout sera fait pour leur trouver des défauts ou attaquer leur intégrité, dans l'espoir de les faire vaciller et de les faire retomber dans la norme du commun des mortels.

Pour oser être brillant, il faudrait commencer par oser se laisser réellement inspirer par ceux qui ont l'audace de l'être. Il faudrait que nous apprenions à ne pas juger ceux qui réussissent, à ne pas douter de leur bonté et de leur bienveillance. Imaginez une culture, un pays où la réussite serait célébrée, une communauté où on soutiendrait ceux qui vont de l'avant, ceux qui osent prendre des risques et voir grand.

* Je fais preuve d'humilité et de générosité

Finalement, plutôt que d'user de modestie, nous devrions peut-être oser être brillants, tout en développant notre humilité. En effet, oser être brillant ne veut absolument pas insinuer que nous sommes mieux que l'autre. Oser être brillant ne veut pas dire que nous prétendons être le centre du monde. Nous pouvons rayonner sans pour autant nous imposer. Oser être brillant n'implique aucune notion de supériorité ou de vantardise. On peut tout à fait être brillant et humble.

Être brillants tout en sachant que nous sommes imparfaits, être brillants tout en sachant que les autres autour de nous, avec leurs propres imperfections, sont aussi brillants que nous, et qu'en aucun cas nous ne prétendons être supérieurs. Nous avons autant de choses à partager avec le monde que nous avons à recevoir de toutes les personnes qui nous entourent.

Je vous invite ici à mettre vos talents au service de l'humanité. Être brillant peut finalement ainsi être vu comme un acte de générosité. En brillant, nous donnons de la lumière aux autres, nous cherchons à contribuer, à aider, à faire avancer, à améliorer les choses. Nous sommes dans une démarche de partage, de service et quand on se rend compte ensuite combien cela apporte aux autres, alors on se donne la permission de briller encore plus fort.

Lisa Nichols, auteure de *No matter what* (voir Bibliographie, p. 223), et que j'ai eu la chance de rencontrer a Los Angeles, nous invite à rayonner. Elle dit : « Brillez et si vous dérangez les autres, donnez-leur des lunettes de soleil ! »

Vous aussi donnez-vous la permission de sortir des murs que vous avez laissé se construire autour de vous, et allez à la recherche de ces « trucs » que vous pouvez faire dans votre vie et pour lesquels vous avez l'impression d'être « né pour ça ».

Témoignage de Christine

Sur ma carte de visite, il est écrit « Los Angeles – Paris – Everywhere ». Je suis ce qu'on appelle un entrepreneur nomade ! Ma passion est d'aider les gens ordinaires à révéler leur puissance et leur génie pour qu'ils puissent se créer des vies (extra)ordinaires, une action (im)parfaite à la fois !

Mais maintenant, je voudrais vous faire découvrir une partie de moi que vous ne connaissez pas.

Pour mieux comprendre pourquoi le tout premier principe fondamental de ce livre est « Oser être brillant », il faut que vous sachiez que j'ai grandi en pensant que je n'étais pas intelligente et que mon avis ne comptait pas. J'ai vécu mon adolescence et les quinze premières années de ma vie d'adulte en pensant que je n'avais rien à dire sur la société car je n'avais pas assez de culture générale. Et surtout par peur de dire une bêtise et d'être humiliée par mes professeurs, mes collègues ou même mes amis pendant un dîner.

J'ai réussi toutes mes études uniquement parce que je me suis disciplinée à apprendre par cœur mes cours, à étudier les grands penseurs (eux étaient intelligents et leur point de vue importait) et à faire du bachotage. Je me souviens de soirées entières à apprendre toutes les dates importantes par cœur. Je me cachais derrière mes cours et jamais je ne me donnais la permission de donner mon avis dans mes dissertations ou pendant les débats en classe parce que j'avais trop peur que ce soit hors sujet, que cela manque de profondeur ou que je puisse avoir une mauvaise note ! Alors je ne prenais pas de risque. Je ressortais les cours, et ensuite vous pensez bien que j'oubliais tout ce que j'avais appris.

À plusieurs reprises pendant des réunions professionnelles ou pendant des dîners, je me suis retenue de donner mon avis sur certains sujets parce que j'avais peur que mon avis soit jugé comme trop léger. Je me cachais derrière ceux ou celles qui avaient l'air de savoir de quoi ils parlaient et si leurs propos semblaient pertinents, éventuellement je ressortais ce qu'ils disaient lors du dîner suivant !

Quinze ans plus tard, j'ai ouvert mon premier blog (www.jarretederaler.com) qui, grâce à son succès imprévu, m'a donné l'incroyable opportunité d'écrire mon premier livre.

Quand mon livre J'arrête de râler *est sorti, je pensais qu'on n'en vendrait pas plus de 3 000 exemplaires. L'écriture de ce premier livre fut un réel parcours du combattant contre moi-même. C'était mon tout premier livre. Je n'avais jamais écrit avant ! J'étais inconnue de tous, je me disais : « Qui es-tu pour oser écrire un livre ? Qui es-tu pour oser parler de développement personnel ? Il y a en plein qui le font déjà ou qui l'ont fait avant toi, et surtout ils l'ont fait mieux que toi… Alors laisse tomber, ne t'embête pas… Cela ne marchera jamais. Personne ne va être intéressé par le sujet. » J'étais terrifiée à l'idée de ce que mes pairs allaient penser. Est-ce que ce que j'écrivais allait être assez pertinent à leurs yeux ? En plus, je faisais plein de fautes d'orthographe car, après dix ans aux États-Unis, j'avais un peu perdu mon français ! « Un auteur qui fait des fautes… Ce n'est pas permis… non franchement, laisse tomber ! » En plus certains lecteurs agressifs de mon blog ne se privaient pas pour dénoncer haut et fort mes fautes et titiller mes démons (merci aux lecteurs bienveillants qui sont venus à ma rescousse, sans eux j'aurais probablement tout abandonné).*

Finalement, j'ai choisi d'écrire avec mon cœur et de ne laisser sur le papier que ce qui me faisait vraiment vibrer. J'ai choisi d'écrire pour mes lecteurs et non pas pour mes pairs.

Aujourd'hui J'arrête de râler *a été traduit en italien, espagnol, japonais et je l'espère bientôt en chinois et en anglais, et à mon immense surprise nous en avons vendu plus de 100 000 exemplaires. Deux ans après sa sortie, il est encore dans les vitrines des librairies et classé numéro 2 des ventes de livres en développement personnel (classement Fnac, vu dans* Psychologie Magazine*). Je suis moi-même sous le choc !*

Depuis j'ai aussi écrit le Carnet d'exercices *et le livre* J'arrête de râler sur mes enfants et mon conjoint *(que j'ai coécrit avec ma sœur aînée Florence Leroy, experte en communication familiale). Et aujourd'hui vous êtes en train de lire mon quatrième ouvrage.* »

Soyons bien clairs, je n'écris aucunement cela pour me vanter. Je dis cela car je tire une grande leçon de cette histoire et j'ai eu envie de la partager avec vous. Je repensais à cette situation dernièrement et je me disais : « C'est tout de même dingue que l'un de mes plus gros complexes d'enfance soit devenu une de mes plus grandes forces ! »

Aujourd'hui, je dois bien arriver à la conclusion que finalement dire ce que je pense et partager mon message est ma zone de génie ! Écrire avec mon cœur, sans me soucier de comment on va me noter ou de ce que mes pairs vont penser, c'est cela la clé de mon succès. Je suis en train de comprendre que, parfois, la chose sur laquelle nous doutons le plus est justement la chose à travers laquelle notre puissance et notre brillance peuvent se révéler !

Prenons quelques secondes pour bien comprendre ce que je viens d'écrire… Parfois la chose sur laquelle nous doutons le plus est justement la chose à travers laquelle notre puissance et notre brillance peuvent se révéler. Je trouve cela vraiment percutant de voir les choses sous cet angle. Ainsi nous pourrions accéder à notre force en allant voir du côté de ce que nous pensons être notre faiblesse ?

* J'identifie mes quatre zones de compétences

Oser être brillant, c'est important car si nous ne le faisons pas, c'est toute une partie de nous-mêmes que nous ignorons. Et bien souvent, ce qui nous empêche de le faire, c'est que nous ne parvenons pas à identifier précisément où est notre brillance.

Dans son livre *The big leap* (voir Bibliographie, p. 223), Gay Hendricks nous apporte un éclairage extrêmement pertinent sur nos quatre zones de compétences. Je voudrais les partager avec vous car ces quatre zones ont le grand mérite de nous aider à savoir où notre brillance n'est pas.

La zone d'incompétence

Tout d'abord il y a notre zone d'incompétence. Cette zone comprend toutes les choses que nous ne savons pas faire. C'est dans cette zone que nous trouvons les choses que quelqu'un d'autre ferait bien mieux que nous. Ce qui est intéressant, c'est de constater que, trop souvent dans nos vies, nous persistons à consacrer beaucoup de temps et d'énergie à accomplir des choses qui relèvent de notre zone d'incompétence. Pour ma part, ma zone d'incompétence se situe au niveau de la comptabilité, ou encore dans la tenue de ma maison. Tout le temps que je passe à essayer de bien faire les choses dans ma zone d'incompétence est un réel gaspillage, car tout ce temps et cette énergie perdus ne pourront pas être exploités pour activer ma brillance ! Il peut donc être fort utile d'éviter ce gaspillage et de faire en sorte de se libérer de cette zone, soit en évitant d'avoir à faire cette tâche, soit en trouvant les moyens de la déléguer.

La zone de compétence

Après la zone d'incompétence, nous arrivons à notre zone de compétence. Cette zone comporte les tâches que nous savons faire et que d'autres personnes peuvent faire aussi bien que nous. Nous trouvons dans cette zone les choses que nous « pouvons » faire. Cependant lorsque nous consacrons du temps et de l'énergie à accomplir ses tâches, nous n'en tirons aucun épanouissement, aucune excitation si ce n'est la simple satisfaction du travail accompli. Souvent nous restons coincés dans cette zone de compétence car nous avons tendance à penser que ce serait trop compliqué d'essayer de faire autre chose.

Peut-être que cela fait plusieurs années que nous exerçons dans ce domaine, peut-être que nous avons des diplômes qui nous ont formés à cette compétence, alors nous pouvons être amenés à croire que nous n'avons pas le choix, que c'est notre voie et que nous devons y rester car nos qualités ne seront pas suffisamment reconnues ailleurs.

La zone d'excellence

Le troisième niveau de compétence, selon Gay Hendricks, est notre zone d'excellence. Quand nous consacrons notre temps et notre énergie sur cette zone, nous obtenons de très bons résultats. Les personnes qui sont dans leur zone d'excellence sont en général bien payées et reçoivent une reconnaissance importante de leurs pairs et de leur entourage. Cette zone est une zone très séduisante, souvent confondue d'ailleurs avec notre zone de génie. Cette zone est confortable car elle nous rapporte des revenus et nous confirme notre valeur.

Cependant plusieurs personnes se trouvant dans leur zone d'excellence sont venues me demander de les accompagner dans mon cabinet de coaching car un jour elles se sont réveillées en se disant : « À quoi bon ! » À quoi bon continuer à faire ce travail qui manque de sens, à quoi bon continuer à jouer ce jeu où toute une partie de moi est ignorée ? Ces personnes qui sont venues à moi ont eu un jour l'impression qu'une part d'elles était en train de mourir si elles en restaient là. Elles sont venues me voir car elles se sentaient coincées. Leur famille étant habituée à un certain niveau de vie, elles culpabilisaient de vouloir prendre le risque du changement et de remettre en cause leur stabilité.

La zone de génie

Et nous arrivons enfin à notre zone de génie. Cette zone où nous activons pleinement notre brillance et nos talents uniques. Cette zone où nous sommes amenés à être tous les jours encore plus nous-mêmes. Je vous souhaite à tous de trouver votre zone de génie car, d'une manière générale, on constate si l'on n'a pas trouvé sa zone de génie entre quarante et cinquante ans, alors nos talents commencent à sérieusement étouffer à l'intérieur de nous. Cette part de nous qui aura été ignorée trop longtemps va vouloir jaillir. Et parfois, si nous attendons trop longtemps, cela peut avoir des conséquences ravageuses telles que des troubles du sommeil, des dépressions, de l'alcoolisme, etc.

L'intérêt du livre de Gay Hendricks est qu'il nous explique qu'entre notre zone d'excellence et notre zone de génie, il y a notre *upper limit* (notre limite haute). Cette limite apparaît quand nous sommes justement à l'approche de notre zone de génie, quand nous sommes sur le point de faire « le grand saut » pour oser révéler ce qui est en nous. Cette limite se présente sous des formes inattendues. C'est ainsi que certains, alors qu'ils se trouvent sur la bonne voie et qu'ils sont sur le point d'activer pleinement leurs talents, se retrouvent soudainement frappés par une maladie ou bien coincés dans un conflit relationnel qui vire au drame. Certains même seront victimes d'un accident de voiture ou développeront une toute nouvelle allergie.

Ces obstacles sont en fait le reflet d'un blocage interne lié à nos doutes et nos peurs. Ainsi nous commençons à écouter notre « petite voie rabat-joie qui nous tire vers le bas », qui nous dit que nous ne sommes pas capables, que nous ne méritons pas de réussir, que nous n'avons pas de valeurs. Nous pensons que nous sommes illégitimes et que les autres vont s'en apercevoir. C'est le fameux syndrome de l'usurpateur.

Nous avons des résistances car nous pensons que si nous activons notre zone de génie, nous allons nous retrouver déconnectés de nos racines et des personnes qui nous sont chères. Nous avons peur de les abandonner. Nous avons peur qu'elles nous jugent et que notre réussite impacte le rapport que nous avons avec elles. Nous avons peur que les autres nous trouvent prétentieux ou qu'ils se sentent mal à l'aise en notre présence.

Nous touchons cette « limite haute » aussi parce que nous prenons peur, notamment de notre réussite. Nous craignons de ne pas réussir à suivre. Et si cela entraînait trop de travail, trop de soucis ? Nous sommes terrifiés à l'idée de réussir et ensuite de tout perdre. Les choses se compliquent encore plus si notre réussite s'accompagne d'une réussite financière (surtout dans la mentalité française). Nous nous disons : « Si je gagne de l'argent, les autres vont penser que je ne suis pas quelqu'un de bien. »

Finalement, il est parfois plus simple de continuer à vivre une vie un peu modeste et dans l'ombre, car « au moins » on reçoit de la compassion des autres. Ou bien une vie riche mais sans âme, car « au moins » on joue un jeu que tout le monde connaît, et même si on meurt à l'intérieur, on a « au moins » des récompenses extérieures.

Histoire de Nadège

Il y a peu de temps, j'ai animé une session de coaching avec une de mes clientes venue me voir car elle n'en pouvait plus de tourner en rond professionnellement. Bardée de diplômes, elle passait de petits jobs en petits jobs, et ça commençait à sérieusement bouillonner à l'intérieur. Elle n'en pouvait plus de ne pas trouver sa place et, au fond d'elle-même, elle savait qu'il y avait une vraie belle place pour elle dans la société. Elle avait tellement à donner... mais en même temps elle était totalement victime de ses doutes.

Après avoir fait un sérieux travail d'introspection pour trouver sa zone de brillance et mettre enfin au point le projet qui lui tenait à cœur, elle me raconte qu'elle vient de passer quinze jours extrêmement intenses car confrontée à sa *upper limit*. Incapable de fournir le moindre travail de qualité, elle papillonnait, procrastinait et produisait finalement un travail extrêmement médiocre qui, elle le savait, n'était absolument pas à la hauteur de ce dont elle était capable.

Cette quinzaine désastreuse fut un électrochoc pour elle. Consciente que sa « limite haute » la rendait incapable d'avancer sur son projet, ni même d'accomplir des tâches qui relevaient normalement de sa zone d'excellence, elle a délibérément pu prendre la décision d'aller au-delà et de ne pas se laisser saborder. Durant les jours qui ont suivi, elle a réussi à contourner ses mécanismes bloquants et à aller de l'avant pour mener enfin à terme son projet.

Notre petite voix limitante, notre jugement négatif sur nous-mêmes, notre *upper limit* viendront toujours chercher à nous stopper et nous empêcher de vivre la vie que nous sommes destinés à vivre. Malgré toutes les bonnes excuses que nous souffle notre petite voix (je ne suis pas légitime, je ne suis pas assez bien, assez bon, assez beau... je ne suis pas assez intelligent, je ne suis pas de la bonne couleur, etc.), il est important de comprendre que si nous laissons ces croyances prendre le dessus, notre vie, alors elles le feront.

Ma petite voix à moi a été pendant longtemps : « Tu n'es pas assez intelligente, il y en a d'autres qui ont dit la même chose que toi avant, et mieux, ton approche est trop légère... »

Alors prenez le temps d'identifier ce que vous répète votre voix. C'est important parce que notre vie s'aligne trop souvent avec nos croyances limitantes, et nous finissons par croire que nos croyances sont vraies.

Je voudrais à ce sujet vous parler d'une jeune étudiante que j'ai rencontrée il y a quelques mois. Aussi longtemps que Clémence s'en souvient, ses professeurs lui répètent qu'elle ne travaille pas assez. Au collège, au lycée, quel que soit le nombre d'heures qu'elle a pu passer à faire ses devoirs, tous les bulletins et conseils de classe sont l'occasion du même verdict. Malgré tous ses efforts, tous les ans elle passe dans l'année supérieure de justesse. Finalement elle décroche son bac *in extremis* et se réjouit enfin de pouvoir commencer ses études supérieures. Elle a de grands espoirs pour transformer ce nouveau cycle en un nouveau départ.

Quand je rencontre Clémence, nous sommes en janvier, six mois ont passé depuis le début de ses études et elle est épuisée. Elle vient de passer des semaines à travailler jusqu'au milieu de la nuit, elle a travaillé les week-ends, elle a travaillé pendant les jours fériés. Elle a étudié, étudié, étudié. Son raisonnement est le suivant : « Tant que je suis en train de travailler, c'est que je fais tout ce que j'ai à faire pour réussir. » On lui a tellement dit qu'elle ne travaillait pas assez, que Clémence met toute son énergie à travailler tout le temps !

Mais, une fois de plus, le verdict tombe à la fin du premier semestre : « Ne travaille pas assez. » Clémence fond en larmes ! Quelle injustice, il semblerait qu'une fois encore ses professeurs ne se rendent pas compte de toute l'énergie qu'elle consacre à son travail. Elle s'écroule. Elle est dégoûtée. Elle me dit : « Je n'y arriverai jamais. »

Je prends alors le temps de lui parler et elle me raconte tout son « historique » avec les devoirs, les études et les profs. Alors que je cherche à comprendre pourquoi une telle quantité de travail ne porte pas ses fruits, je lui pose des questions sur sa manière de travailler. Clémence me raconte ses soirées et surtout à quel point elle est interrompue dans son travail par ses amis qui la sollicitent sans cesse par SMS et sur Facebook pour récupérer des cours et avoir des explications sur les devoirs à rendre. Bien que Clémence soit studieuse, elle se laisse distraire par toutes les demandes des autres qui ont moins de rigueur qu'elle.

Après quelques questions qui confirment mes doutes, je comprends enfin ce qui se passe. La petite voix rabat-joie de Clémence lui dit : « Tu n'y arrivera jamais. » Alors dans son quotidien, elle se tue la santé à étudier des heures et des heures (se laissant distraire, tout en étant persuadée qu'elle n'y arrivera pas), et une fois sans force elle récolte la preuve, évidemment, qu'elle ne peut pas y arriver.

J'ai alors cherché à faire changer Clémence de perspective. Et si elle mettait la priorité sur la qualité de son temps de travail, plutôt que sur la quantité (le « pas assez » qu'elle a entendu toute son enfance) ? Et si elle se disciplinait à ne pas laisser les demandes des autres l'envahir ? Et si elle coupait son téléphone deux heures tous les soirs pour se concentrer ? Et si elle mettait son attention sur les tâches qu'elle a à accomplir plutôt que sur le nombre d'heures qu'elle y consacre ? Et si elle s'autorisait à être brillante et à faire du bon travail en peu de temps ?

Clémence est emballée à l'idée de travailler mieux et moins. Elle s'ouvre la possibilité de prendre le temps de souffler, de faire d'autres choses sans être obligée de culpabiliser pour ensuite pouvoir travailler plus sainement. Elle se met, suite à mes conseils, à utiliser des outils de gestion des tâches et prend le temps de se fixer des objectifs clairs et précis sur ce qu'elle veut et ce qu'elle ne veut plus.

Je voudrais vous inviter à penser à quoi pourrait ressembler votre vie si vos actions s'alignaient avec le meilleur de vous-même et non plus avec l'image limitée que vous avez de vous-même.

L'image parfois négative que nous avons de nous-mêmes nous amène à aligner nos actions avec cette image et donc cette image devient notre réalité !

* Je cherche ma brillance au fond de moi

De manière tout à fait paradoxale, alors que nous nous limitons à vivre notre vie modestement, nous regardons souvent avec envie (et jugement) ceux qui autour de nous semblent réussir. Nous voyons de la puissance dans leurs diplômes, leur statut professionnel, le nom des grosses entreprises sur leurs *curriculum vitae*. Nous les envions (leurs vêtements, leurs voitures, leur maison...).

« L'important n'est pas ce qu'on a fait de moi, mais ce que je fais moi-même de ce qu'on a fait de moi. »

Jean-Paul Sartre

Et nous finissons par penser que, si nous ne sommes pas nés dans le bon quartier, si nous n'avons pas fait la bonne école, obtenu le bon diplôme ou décroché le bon boulot dans une entreprise renommée, alors nous ne sommes pas légitimes pour voir notre vie en grand ! Nous pensons que les jeux sont faits et que nous sommes condamnés à rester dans l'ombre de notre « condition ».

Cette croyance nous amène à oublier que notre pouvoir est en nous, qu'en aucun cas notre statut social est le reflet de notre valeur. Nous avons tous des trésors en nous qui ne demandent qu'à être partagés. Arrêtons de croire que certaines personnes sur cette terre sont plus brillantes que nous. Arrêtons de nous comparer et de penser que nous sommes moins bien. Arrêtons de nous limiter et de nous juger. Nous ne sommes pas parfaits, personne ne l'est, mais au milieu de nos imperfections réside un trésor que ne demande qu'à être utilisé.

Certains utilisent leurs talents dans leur carrière professionnelle, mais beaucoup font de grandes carrières sans jamais les activer pour autant. Ils sont coincés dans leur zone d'excellence, ils savent jouer le jeu de la réussite professionnelle et accèdent à une certaine puissance mais cela ne veut pas dire pour autant qu'ils se sentent « accomplis » personnellement.

Ce sentiment d'accomplissement qui nous remplit et nous nourrit est le fruit de l'activation de nos talents, de nos dons, de notre génie. C'est le résultat de toutes ces fois où nous osons être brillants et où nous osons partager cette brillance pour contribuer au monde.

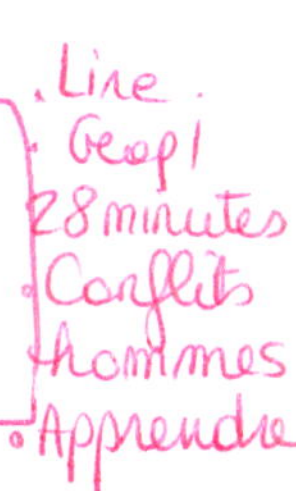

Observez dans votre vie ce qui vous fait vibrer. Allez à la découverte de ces moments, pendant la semaine ou pendant la journée, où vous vous sentez pleinement activé ou engagé dans ce que vous êtes en train de faire. En général, dans ces moments-là, nous avons tendance à perdre la notion du temps et nous ressentons un sentiment de bien-être absolu.

Soyons vigilants, car lorsque nous commençons à explorer les choses qui nous font vibrer dans notre vie, nous avons notre petite voix rabat-joie qui (sans être invitée) vient nous souffler à l'oreille : « c'est n'importe quoi », « ça n'a pas de valeur », « je ne suis pas si doué que ça », « pour qui je me prends » ou « je ne peux pas gagner ma vie avec ça ».

Moi je crois vraiment que si, par exemple, vous êtes passionné de peinture, ce n'est pas un hasard. Tout le monde n'a pas le même intérêt que vous pour ce sujet. Et si vous avez développé cet intérêt, c'est important, il ne faut pas l'ignorer.

Histoire d'Hélène

Hélène est une maman de trois enfants en bas âge. Quand elle vient participer au séminaire *Wake Up*, elle est accompagnée de son petit dernier qu'elle allaite encore. Hélène est une maman bienveillante qui se consacre corps et âme à sa famille et à l'éducation de ses enfants. Hélène sent bien aussi que, au-delà d'être maman, elle a un pouvoir créateur en elle qu'elle a envie d'exploiter. Hélène a deux centres d'intérêts, la non-violence sur les tout-petits et la peinture qu'elle a mis de côté depuis plusieurs années. Au moment où je la rencontre, elle ressent tout particulièrement un profond besoin de se remettre à la peinture mais elle n'a pas beaucoup de temps, elle doute d'elle-même et, de plus, son désir de peinture lui paraît être un loisir égoïste qu'elle ne se donne pas le droit d'exercer, prise dans le tourbillon de ses tâches quotidiennes.

Quand je croise Hélène dans les couloirs à l'issue du premier jour du séminaire, elle est en larmes. Elle a du mal à entendre mon message sur la zone de génie et la brillance qui est en elle. Elle ne se sent pas capable, pas prête, elle se demande si elle a eu raison de venir à ce séminaire…

Alors qu'une autre participante propose de s'occuper de son bébé, je lui recommande d'aller pleurer un bon coup sous sa douche !

À l'issue des trois jours, ce fut un réel bonheur, pour moi et pour tous les participants, d'avoir été le témoin de la déclaration radieuse et souriante d'Hélène : « Je vais mettre un point d'honneur à prendre le temps de me remettre à la peinture en commençant par faire le portrait de mes enfants. »

Le plus fascinant, c'est que deux mois plus tard, Hélène vient me raconter ce qui est en train de lui arriver : non seulement elle donne du sens à sa peinture et se donne le droit de créer l'espace pour son art au milieu de sa vie de famille (et de se réaliser pleinement), mais en plus elle prépare une exposition de peinture pour mettre en image la non-violence sur les tout-petits et présentera ses œuvres pour la première fois lors de la Journée nationale de la non-violence. Elle a aussi été approchée pour que ses peintures soient utilisées pour illustrer un livre sur la parentalité.

Les deux passions d'Hélène sont en train de se combiner pour donner forme à un « métier » qui n'existe pas mais qui dégage une telle brillance qu'il commence à être reconnu. Voilà ce qui se passe quand on se libère de sa petite voix rabat-joie qui nous tire vers le bas, et qu'on crée de l'espace dans notre vie pour activer nos talents.

Notre zone de génie, c'est en effet cette « chose » que nous savons faire « naturellement ». Et il est essentiel de comprendre que cette chose n'a pas besoin d'être parfaite pour être de l'ordre de notre zone de génie. Elle n'a pas besoin d'être parfaite, mais elle doit être en nous, au fond de nous. Elle doit nous apporter une profonde satisfaction.

Souvent les participants de mes séminaires ont du mal à trouver leur zone de génie car ils pensent que ce talent doit être parfait et très performant. Ce qui se passe, au contraire, c'est que souvent notre brillance est un peu rouillée justement parce qu'on s'est rarement donné l'opportunité de l'activer. Quand Hélène a repris la peinture, je peux mettre ma main à couper qu'elle a trouvé que ses tableaux n'étaient pas parfaits, mais toute son âme était dans son travail et c'est cela qui a fait la différence.

« La chose importante à garder en tête est qu'il ne faut jamais attendre une minute pour commencer à changer le monde. »

Anne Frank

De la même manière, mon premier livre *J'arrête de râler* n'est certainement pas parfait. Il est même loin d'être parfait. Je suis certaine que beaucoup d'experts pourraient d'ailleurs pointer toutes les faiblesses de mon écriture. Mais ce qui compte, c'est que j'ai trouvé le moyen de partager mon message avec mon cœur et que je n'ai pas laissé mes imperfections et mes doutes m'en empêcher.

C'est seulement en osant sortir ses toiles qu'Hélène pourra s'améliorer et aiguiser son talent. C'est pareil pour moi et l'écriture ou la prise de parole, c'est pareil pour vous !

* J'accomplis mon devoir de brillance

Activer notre zone de brillance est la clé de notre épanouissement. Sans notre zone de brillance, c'est comme si toute une part de nous mourrait sans avoir été utilisée. Cette brillance est intimement liée avec ce qui résonne en nous, et c'est à nous d'apprendre doucement à « entendre » cette vibration intérieure qui se déclenche quand nous activons nos talents.

Être à l'écoute de ce qui résonne en nous, c'est ce qui va nous permettre non seulement de nous réaliser et de donner du sens à notre vie, mais c'est aussi ce qui va nous permettre de contribuer à l'épanouissement du monde ! Et nous avons tous le devoir de le faire.

« Chacun de nous est comme une cellule dans le corps humain, et quand chaque cellule fait son travail, le corps fonctionne. Si les cellules de mon rein arrêtent de fonctionner, alors mon cerveau est en danger. Si les cellules de mon foie arrêtent de marcher, si mon cœur arrête de marcher, si mon système digestif ne marche plus, que se passe-t-il ? Chacune des cellules de mon corps joue un rôle critique. De la même manière, chaque être humain a un rôle important dans l'épanouissement de l'humanité, de notre destinée, de notre joie. »

Jack Canfield

Nous le savons, le monde change. Nous sommes en train d'entrer dans une nouvelle ère et nos anciens repères s'écroulent. Nous avons cette incroyable opportunité de vivre la naissance d'un nouveau monde. Le monde qui est en train d'émerger est un monde où nous nous recentrons sur nos valeurs, où la quête de profit ne se fait pas au détriment du bon sens et du bien-être de chacun, un monde où les discours d'austérité n'existent plus, un monde où nous arrêtons d'être hypnotisés par la morosité ambiante pour accéder enfin à notre pouvoir intérieur. Un monde où nous arrêtons d'être victimes et où nous prenons notre vie en main. Un monde où nous activons nos talents « quoi qu'il arrive » parce que nous prenons conscience que ce n'est plus possible de les ignorer. Un monde où nous arrêtons de nous conformer pour rayonner et contribuer.

> *« Lorsqu'un seul homme rêve, ce n'est qu'un rêve. Mais si beaucoup d'hommes rêvent ensemble, c'est le début d'une nouvelle réalité. »*
>
> **Friedensreich Hundertwasser**

Certains d'entre vous qui lisent ces lignes ont déjà conscience de ce nouveau monde qui est en train d'émerger. Et d'autres sont peut-être encore trop « coincées » à regarder l'état de décrépitude de l'ancien monde qui ne fonctionne plus. Pourtant ce nouveau monde est vraiment en train d'arriver. Si nous regardons autour de nous, il y a une multitude de projets qui sont en train d'émerger et qui vont donner forme au monde de demain. Oui, je dois bien admettre que nous n'en sommes qu'aux balbutiements de cette nouvelle ère, et pourtant nous avons un grand rôle à jouer dans le développement de la société de demain. Si nous voulons que le monde change, nous avons besoin de tous nous y mettre, autrement l'évolution risque d'être lente. Ce monde ne peut pas exister sans notre contribution. Nous sommes les artisans de ce nouveau monde. Nous avons besoin de tous les talents, de tous les cœurs, de la brillance de chacun d'entre nous.

En gardant notre brillance pour nous-mêmes, nous ne rendons service à personne. Laissons nos dons s'exhiber, inventons des métiers qui n'existent pas, sortons du statu quo, osons casser les vieux modèles et créons-en de nouveaux qui ont plus de sens. Sortons du carcan que nous avons laissé se construire autour de nous. Remettons la richesse humaine au cœur de notre société et commençons pour cela par mettre notre propre richesse au cœur de notre quotidien. Apprenons à voir la brillance qui est en nous d'abord, et ensuite dans les personnes qui nous entourent. Ouvrons-nous les yeux respectivement sur ce que nous pouvons apporter à la société. Poussons-nous les uns les autres à être brillants sans modestie mais avec humilité. Arrêtons de cultiver les maux de la société et mettons l'accent sur le bon et le beau qui est en chacun de nous. Refusons de perdre espoir en l'humanité. Refusons de croire que l'homme puisse être mauvais. Au contraire, posons-nous la question de notre responsabilité dans ce qui a amené certains à ne plus croire en leur brillance et leur bonté, et activons nos dons pour changer cela.

Il est de notre devoir d'activer notre brillance. En ne le faisant pas, nous privons le monde de nos talents. Nous restons spectateurs (et juges) et nous passons à côté de notre rôle d'acteurs (et de créateurs).

FAITES VOTRE CHEMIN !

Il est maintenant temps de vous donner des outils pour toucher du doigt votre propre brillance et réussir à l'activer.

* Identifiez votre petite voix rabat-joie

Il me semble important de commencer par prendre le temps d'identifier la petite voix dans notre tête. Cette petite voix rabat-joie qui nous tire vers le bas et qui est finalement bien souvent le premier obstacle à dépasser quand on souhaite avoir plus d'audace et donner plus de sens à sa vie. C'est important de prendre le temps de l'identifier car ensuite, cela va vous permettre de la reconnaître et de lui accorder l'attention qu'elle mérite !

Je peux vous assurer que si vous mettez toute votre attention sur cette voix, elle dominera votre vie. Et comme nous ne pourrons jamais complètement l'éradiquer, il est primordial de pouvoir la contenir. Quelles que soient l'énergie et les techniques que nous utilisons pour nous forcer à penser positif et à augmenter notre confiance en nous, cette voix sera toujours là.

Je pense vraiment que nous devons apprendre à « faire avec » et surtout l'empêcher de prendre toute la place dans notre vie. J'ai personnellement appris que je ne peux pas forcément contrôler cette voix, mais je peux contrôler l'impact que je lui laisse avoir sur ma réalité.

Et si nous arrêtions de laisser cette voix prendre toute la place dans notre cerveau ? Et si nous arrêtions de la laisser limiter nos actions et nos rêves ? Et si nous ne lui donnions plus la permission de nous voler notre espoir ?

Sachez que cette voix est aussi dans ma tête, je l'entends tous les jours qui me dit : « Pour qui tu te prends ? », « Ce que tu écris est nul », « Pourquoi tu te prends la tête, tu devrais peut-être tout arrêter ? » Je ne suis pas différente de vous !

Ce qui est important, c'est de ne pas laisser cette voix entacher l'image que nous avons de nous-mêmes. Car nous pouvons facilement constater que cette image est souvent une prophétie qui s'auto-réalise. Ainsi si je pense que je ne suis pas assez intelligente, je ne vais pas me risquer à faire quelque chose qui, selon moi, demande de l'intelligence. Si je pense que je manque de caractère ou de bagou, je vais tout faire pour éviter les situations qui demanderaient que je me dépasse et que je m'affirme (prendre la parole, obtenir une promotion, m'engager dans un projet, monter mon entreprise). Si je pense que je ne vaux rien, je choisirai de faire ce que j'aime sous forme de bénévolat plutôt que de parvenir à me faire payer pour ma contribution.

Je récolte ainsi dans ma vie la preuve de mes croyances. Je n'active pas mon intelligence donc elle est endormie. Je n'active pas mon caractère donc j'en manque. Je pense que je ne vaux rien, donc je ne suis pas reconnu pour ce que je fais. Je pense que je n'ai pas de valeur, alors je ne suis pas payé pour tout le travail que je fais...

Quelle est donc cette voix rabat-joie qui est en vous ?

Prenez le temps de vraiment identifier ce qu'elle vous dit en boucle pour que vous puissiez ensuite choisir la place que vous voulez lui accorder. Ainsi vous pourrez dire : « Ah tu penses que je ne vaux rien ? Eh bien laisse-moi te prouver le contraire ! », ou bien « Ah tu penses que je n'ai pas de caractère ? Eh bien regarde ce dont je suis capable », ou encore « Ah tu penses que je ne suis pas assez intelligent ? C'est parce que tu ne m'as jamais vu être brillant… ».

À vous

Que vous dit votre voix rabat-joie qui vous tire vers le bas ?

Notez dans votre *Carnet de pépites* les propos négatifs à votre égard qui se répètent en boucle (souvent de manière inconsciente) dans votre tête.

* Donnez la parole à une nouvelle petite voix

Une fois que vous avez clairement identifié cette petite voix rabat-joie, le meilleur moyen de lui accorder moins d'attention est de développer une nouvelle voix qui occupera du territoire dans votre conscience et qui ne se laissera pas couper la parole !

En effet, je rencontre de nombreuses personnes qui essaient de se rappeler régulièrement de « penser positif ». Le problème avec cela, c'est que bien souvent on n'y arrive pas. On en a bien l'intention, mais dans le flot du quotidien, on fonctionne en pilote automatique et on continue de se laisser guider par ses doutes et ses croyances limitantes.

Ce que je vous propose ici n'est pas forcément de chercher à contrôler vos pensées (ce qui est presque impossible), mais plutôt de commencer à développer une nouvelle conversation avec vous-même autour de votre vraie valeur et de, petit à petit, parvenir à influencer vos actions.

Si vous développez une nouvelle voix qui vous tire vers le haut, alors celle-là pourra vous donner des ailes pour oser agir progressivement, et c'est dans vos actions que vous pourrez récolter les preuves que votre voix rabat-joie avait tort ! Vous allez donc ainsi perdre confiance en la véracité de ses jugements et, petit à petit, lui accorder moins d'importance.

Jour après jour, vous allez cumuler des expériences qui vous redonneront confiance en vous et en vos capacités. Au final, vous pourrez dire : « Je l'ai fait, j'ai fait cette chose que je ne me pensais pas capable de faire... »

Voici un exercice pour vous aider à développer cette nouvelle voix qui vous donne des ailes.

POUR DEVENIR LA FEMME (OU L'HOMME) QUE J'AI ENVIE D'ÊTRE

(inspiré du travail de Brendon Burchard dans son livre The charge, voir Bibliographie p. 223)

> Étape 1

Il s'agit dans cet exercice de mettre son attention sur la personne que nous souhaitons être et de mettre des mots qui puissent nous qualifier dans notre brillance. Dans un premier temps, il s'agit de faire une liste exhaustive des adjectifs qualificatifs que vous aimeriez utiliser (ou que vous aimeriez que les autres – votre mari, votre femme, vos enfants, vos collègues, vos amis, vos voisins – utilisent) pour vous décrire. Vous pouvez y indiquer des qualités qui sont déjà au cœur de votre vie, et que vous savez profondément alignées avec qui vous êtes, ou bien des qualités que vous aimeriez bien activer plus largement. Cette première étape est un remue-méninges, alors ne réfléchissez pas trop ! Notez tout ce qui vous vient en tête.

Exemple : inspiré, dynamique, curieux, joueur, aimant, bienveillant, courageux, généreux, attentif...

> Étape 2

Parmi cette liste, il vous faut maintenant choisir trois mots qui sont selon vous les plus importants et les plus alignés avec vos aspirations profondes, avec ce qui est vrai au fond de vous. Choisissez des mots qui vont vraiment vous permettre de faire rayonner votre beauté et votre force humaine ! Ces mots sont pour vous, ils vous permettent de nommer et de vous souvenir de ce qui est en vous. À chaque fois que vous pensez à ces trois mots, vous augmentez vos chances de rayonner ces trois mots dans votre vie.

Les miens sont : claire, vibrante et percutante.

> Étape 3

À côté de chacun des mots, écrivez deux à trois phrases pour expliquer pourquoi vous avez choisi ce mot. Cette étape va vous permettre de comprendre pourquoi ces mots sont les vôtres, pourquoi vous avez choisi ces trois-là et non pas trois autres tout aussi attractifs.

En ce qui me concerne, quand j'ai fait cet exercice, j'ai choisi « claire » car c'est le feed-back que je reçois de toutes mes interventions de coaching et de prise de parole et cela me convient bien. Je pense que je suis claire parce je laisse mon cœur et mon intuition me guider, et ça, cela me va encore mieux !

J'ai choisi « vibrante » car j'aime l'idée que je suis vivante pour être la lumière que je veux voir dans le monde et j'ai la volonté de me mettre au service des autres. Je veux constamment provoquer des situations pour activer la force de vie qui est en moi, rayonner et inspirer les autres à en faire autant.

J'ai ensuite choisi « percutante » car je souhaite cultiver mon audace pour activer la puissance qui est en moi et oser sortir du conformisme. J'aime provoquer des prises de conscience (en moi en premier), titiller et remettre en cause des limites dont on peut se libérer.

> Étape 4

Répondez aux deux questions suivantes :

- Qu'est-ce qui pourrait devenir possible pour moi si je parvenais à mettre ces trois mots au cœur de ma vie ?
- Qu'est-ce que je peux faire différemment dès demain ?

Ces premiers changements peuvent être tout petits. Par exemple, si je suis quelqu'un de timide qui souhaite révéler le leader qui est en moi, je pourrais commencer par regarder mon patron dans les yeux en le saluant.

L'objectif de cet exercice est de vous donner les moyens de choisir qui vous voulez être. Il vous permet aussi de choisir où vous voulez mettre votre attention. Voulez-vous mettre votre attention sur votre médiocrité ou sur les belles qualités que vous avez envie de faire rayonner ?

J'espère qu'en lisant ces lignes vous arriverez à voir que c'est votre choix. Je peux vous assurer que les choses sur lesquelles vous mettez votre attention vont grandir et devenir de plus en plus puissantes dans votre vie. Alors la question à laquelle je vous invite à répondre maintenant est : où voulez-vous mettre votre attention ?

Témoignage de Jean-Charles

Le séminaire Wake Up *m'a permis de mettre des mots sur les qualités qui sont à la source de ma réussite professionnelle afin de pouvoir les exploiter de manière plus profonde à l'avenir.*

Trois adjectifs inspirent aujourd'hui mes actes personnels et professionnels : unique, puissant et brillant !

Toute modestie mise à part, cette description de moi-même me convient bien car j'ai envie de croire avec humilité qu'elle me ressemble vraiment. C'est l'un des principaux bénéfices du séminaire Wake Up *que d'avoir créé la confiance en moi dont j'avais simplement besoin.* »

Nous faisons tous des erreurs, parfois nous avançons sans vraiment savoir ce que nous faisons, nous avons tous en nous des zones d'incompétences et des moments où nous n'avons pas réussi à être qui nous voulions être vraiment. Et pourtant notre brillance est en nous tout le temps, nous n'avons pas besoin de nous corriger ou de lutter pour progresser, nous devons juste nous donner la permission de laisser émerger ce qui est en nous.

Ne laissons pas nos erreurs du passé nous définir. Ne laissons pas nos doutes nous limiter. Allons activer ces trésors qui résident près de notre cœur et de notre âme et ancrons-les dans notre vie par nos actions.

« Vous ne vous améliorez pas avec le temps, vous vous réveillez à la perfection qui a toujours été en vous. »

Docteur Sue Morter

Je ne dis pas que c'est facile. Cela va nous demander d'avoir plus d'audace. Nous allons devoir nous affirmer et nous serons donc un peu plus visibles. Mais de cette mise en avant dépend la vivacité de notre vie. Voulons-nous rester sur le derrière de la scène avec nos doutes (en position de victimes et de râleurs), ou bien voulons-nous nous avancer sur le devant de notre vie et prendre le risque d'être nous-mêmes, de contribuer au monde et d'inspirer les autres ?

Témoignage de Caroline

Les trois mots que j'ai choisis pour définir la femme brillante que je souhaite être sont : pétillante, inspirante et pertinente.

Lorsque je « crée l'espace » (voir Principe n° 4, p. 188), je commence toujours par me les répéter plusieurs fois dans ma tête. Cela me recentre sur ce que je suis vraiment et sur ce que j'ai envie que les autres retiennent de moi. Et lorsque j'ai une journée importante, je vais même jusqu'à visualiser ces trois mots inscrits en lettres lumineuses sur la façade de l'Olympia, telle une star de music-hall ! ! Effet boostant pour l'ego garanti !

* Écoutez ce qui résonne en vous

Comme j'ai pu l'expliquer au préalable, nombreux sommes-nous qui ont été élevés avec l'idée qu'il faut faire des choix raisonnables. Cela commence dès l'âge de sept ans avec cette grande étape dans notre développement que représente l'âge de raison. Dès le jour de notre septième anniversaire, les adultes nous préviennent (et ne se privent pas de nous le rappeler plus tard) que, désormais, nous ne pouvons plus pleurer, ni repousser les limites, ni insister pour obtenir tout ce que nous voulons, etc.

Nous devons être raisonnables et donc contrôler nos pulsions et comprendre que nombreuses sont les choses que nous voulons et que nous ne pourrons pas avoir parce que ce n'est pas raisonnable ! Je suis moi-même maman et je sais que cette étape de l'âge de raison est importante car c'est le moment où notre enfant peut commencer à comprendre qu'il ne peut pas tout faire et que ses envies ne peuvent pas envahir tout son entourage (que ce soient sa famille, ses amis ou sa classe).

Quand j'étais enfant, ma maman me disait : « Mets tes envies dans ta poche et ton mouchoir par-dessus ! » Elle avait hérité cette phrase de sa propre enfance et n'a que très récemment pris conscience de l'impact de tels propos sur une vie. En effet, le problème est qu'à quarante ans, nous sommes encore comme un jeune enfant. Nous laissons la raison imposer son poids sur notre vie. Nous mettons nos envies dans notre poche et notre mouchoir par-dessus ! Toute notre vie nous vivons avec la croyance que nous devons à tout prix nous contrôler (pour ne pas trop déranger les autres) et limiter nos désirs ou nos prises de risques pour garantir le confort et la sérénité de tous.

« Si vous croyez que vous en êtes capable ou si vous croyez que vous n'en êtes pas capable, vous avez raison dans les deux cas. »

Henry Ford

Du choix de nos études à la sécurité de notre emploi, à la recherche de maîtrise de notre parcours professionnel (il ne faudrait pas que notre *curriculum vitae* montre la moindre incohérence). On s'efforce alors d'être « raisonnable » et de faire « le bon choix », et, petit à petit, on rentre dans le moule pour se conformer à ce que la société attend de nous : décrocher un emploi stable et rapporter un salaire régulier.

Notre plus grande quête est de rester dans le cadre. Nous prenons alors un jour conscience que nous sommes devenus des adultes et que nous avons perdu toute connexion avec notre inspiration et avec nos désirs profonds d'accomplissement. Je ne parle pas ici de nos envies de vacances pour fuir notre réalité, ni de nos envies matérielles pour combler notre vide intérieur, je parle de nos désirs profonds de révéler encore plus la richesse qui est en nous.

Notre vie est alors remplie de raisonnable (et de doutes) et pas assez de « résonance » (et de confiance en notre richesse intérieure).

Histoire de Stéphanie

J'ai eu le grand plaisir de faire la connaissance récemment de Stéphanie sur la scène du TEDx de La Rochelle. Cette jeune femme est remarquable et son histoire m'a profondément touchée.

Stéphanie est kinésithérapeute et elle exerçait à Toulouse lorsqu'un ami lui demande de venir soigner les marins traversant l'Atlantique en solitaire (La Rochelle-Salvador de Bahia) et faisant une escale à Madère. Stéphanie accepte et se rend à Madère pour prendre soin de quatre-vingt-quatre navigateurs qui reprennent des forces avant la grande traversée vers le Brésil.

Le jour du grand départ arrive et ce petit bout de jeune femme (elle a tout juste trente ans) se retrouve en mer sur le zodiac à admirer tous ces bateaux qui s'apprêtent à affronter la mer, et à leur souhaiter « bon vent ». Alors que le départ est donné, les marins s'engagent en direction de l'horizon à bord de leur bateau pour cette belle aventure et Stéphanie, quant à elle, retourne à terre car sa mission est terminée. Pourtant ce jour-là, la vie de Stéphanie va prendre un tournant déterminant car elle a été profondément touchée par toutes ces voiles qui prenaient le large et elle a senti quelque chose émerger en elle, un désir, un rêve, un projet dingue de larguer à son tour les amarres. Une voix en elle est en train de lui parler et de dire « la prochaine fois c'est moi qui prend le départ ».

Il faut que vous sachiez qu'au moment où Stéphanie sent cette envie de prendre le large monter en elle, elle n'y connaît rien en voile, n'a jamais navigué ni même habité en bord de mer, et pourtant elle sent cette profonde vérité, ce désir profond en elle et elle prend la décision de ne pas la refouler.

Vous vous doutez bien que sur son chemin Stéphanie a rencontré de nombreux obstacles dont l'incompréhension des personnes de son entourage, sa mère qui acceptait mal cette décision complètement irrationnelle à ses yeux, ou même son père qui, au contraire, projetait en elle ses propres rêves. Il fallait arriver à se détacher de tout ça !

Comment Stéphanie a-t-elle réussi à se faire embarquer sur un bateau pour sa première traversée alors qu'elle était si piètre équipière ? Elle a su vaincre ses démons et ne pas perdre son cap car au fond d'elle, elle se souvenait de ce qui avait vibré si profondément en elle à Madère quelques mois plus tôt.

Un mois après notre rencontre sur la scène du TEDx, Stéphanie était à bord de son propre bateau pour le départ de la Transat Jacques-Vabre.

L'aventure de Stéphanie est absolument merveilleuse et inspirante, vous pouvez la voir elle-même raconter son histoire en écoutant l'enregistrement de son intervention (christinelewicki.wordpress.com/stephanie-alran/).

TED est une organisation à but non lucratif destinée à mettre en avant les idées qui méritent d'être partagées. Depuis 25 ans, la conférence américaine TED rassemble des esprits brillants dans leur domaine pour partager leurs idées avec le monde. TEDx a été créé dans l'esprit de la mission de TED pour donner aux communautés l'opportunité de stimuler le dialogue et d'organiser des conférences sur le même format au niveau local. (http://www.ted.com).

En lisant les pages de ce livre, je voudrais vous inviter à écouter ce qui « résonne » en vous, plutôt que de vous laisser dominer par ce qui est « raisonnable ». Donnez-vous la permission de ne plus ignorer ce qui vous fait vibrer, de ne plus considérer vos dons comme des loisirs sans valeurs auxquels vous pouvez vous consacrer durant votre temps libre quand vous en avez (du temps libre… pas des dons !).

Nous vivons à une époque où nous n'avons plus le temps de rien, alors il est urgent de mettre nos centres d'intérêts et nos dons au cœur de nos vies car si nous ne le faisons pas maintenant, nous allons nous retrouver en fin de vie avec trop de regrets.

Nous n'avons jamais entendu quelqu'un sur son lit de mort dire : « j'aurais dû être plus raisonnable », « j'aurais dû ranger plus ma maison », « j'aurais dû regarder davantage la télévision pour me distraire ». Au contraire, nous entendons davantage dire : « j'aurais dû avoir plus confiance en moi pour réaliser mes rêves », « j'aurais dû avoir le courage de sortir du cadre », « j'aurais dû oser faire ce que mon cœur me disait de faire », etc.

« Notre plus grande peur n'est pas que nous ne soyons pas parfaits. Notre peur la plus profonde est que nous soyons puissants au-delà de ce qui est mesurable. C'est notre lumière, pas notre obscurité qui nous effraie le plus. Nous nous demandons : qui suis-je pour être brillant, merveilleux, talentueux, fabuleux ? En fait, qui sommes-nous pour ne pas l'être ? Jouer petit ne sert pas le monde. Se rétrécir devant les autres pour qu'ils ne se sentent pas en insécurité ne fait pas preuve d'une attitude éclairée. Nous sommes tous voués à briller, comme le sont les enfants. Nous sommes nés pour manifester la gloire de Dieu qui est en nous. Ce n'est pas réservé seulement à certains. Et quand nous laissons notre propre lumière briller, nous donnons, sans en être conscients, la possibilité aux autres de faire la même chose. Quand nous sommes libérés de notre propre peur, notre présence libère automatiquement les autres. »

Marianne Williamson

À chaque fois que je me retrouve confrontée avec cette vérité dans ma propre vie, je repense à ce magnifique poème de Marianne Williamson :

« Pour oser être brillant, il faut oser aller chercher au fond de nous ce qui nous fait vibrer, ce qui au fond de nous demande à être révélé, et il faut surtout être prêt à entendre ce que notre cœur et notre âme vont nous dire. »

Pour parvenir à nous reconnecter avec ce qui résonne en nous, commençons par prendre le temps de regarder nos vies et d'identifier quelles sont ces choses que nous aimons vraiment faire.

Posez-vous les questions suivantes :

- **Y a-t-il des actions ou des situations dans ma vie qui font chanter mon cœur ?**
- **Quelles sont ces choses qui me font perdre la notion du temps qui passe ?**
- **Quel est à mes yeux le meilleur moyen d'occuper une journée où je n'ai rien à faire ?**

Prenez le temps de noter dans votre *Carnet de pépites* les réponses à ces questions.

Le jour où j'ai fait cet exercice moi-même, il en est ressorti que mon passe-temps préféré (si c'était possible) était d'être au soleil dans un cadre inspirant (idéalement au bord d'une piscine) et d'engager une conversation profonde et pleine de sens avec un ami.

Pendant des années, j'ai refusé de vraiment prendre en considération cette information car je me disais : « Mais enfin, soit raisonnable, tu ne peux pas passer ta vie au bord d'une piscine à parler aux gens ! Ce n'est pas un métier ! Tu peux faire ça en vacances... » Puis un jour, j'ai découvert le métier de coach (qui va bien plus loin que papoter au bord d'une piscine, je vous rassure !) et ce fut littéralement une révélation. Les coachs aiment définir le coaching comme la thérapie du bien-portant. À l'instant où j'ai entendu parler de cette profession, mon corps entier s'est mis à vibrer. Je me suis sentie en profonde résonance avec cette approche et je savais que je devais faire de la place pour réellement explorer cette voie.

À partir de cette découverte qui m'a chamboulée, je n'ai plus regardé en arrière et j'ai foncé. Deux ans plus tard j'obtenais ma certification de la Fédération Internationale de Coaching et aujourd'hui (après avoir tout de même bien galéré pour développer mon activité), je m'organise pour proposer mes rendez-vous de coaching ou mes séminaires dans des lieux inspirants et pleins de charme (si possible avec piscine car je n'ai pas oublié ma vision initiale !).

Ce qui est important, c'est que j'ai réussi à rendre réel, dans mon quotidien, ce qui résonnait en moi, même si au départ cela ne semblait pas être un métier raisonnable. Pour cela, il a fallu que je sois à l'écoute de ce qui est au fond de moi et que j'accepte d'entendre ce qui remontait en moi. Il a ensuite fallu que je saisisse les opportunités de la vie pour ancrer cette inspiration dans ma réalité.

Il a aussi fallu que je ne baisse pas les bras et que je garde mon cap quand le doute (le mien et celui des autres) commençait à envahir ma vie.

Ce qui résonne en vous n'a probablement rien à voir avec ce qui résonne en moi. Peut-être que ce que vous aimez par-dessus tout, c'est organiser les choses, ou prendre soin des autres. Peindre, écrire, danser ou chanter... Peut-être que ce qui vous rend vraiment vivant et activé, c'est de prendre la parole, ou bien tout simplement d'écouter. Ou bien est-ce de faire des recherches et des expérimentations. Peut-être que votre « zone de génie », c'est de démonter des machines pour comprendre comment elles marchent ou d'observer le corps humain et de le maintenir en pleine santé...

L'histoire du marteau

Imaginez un marteau. Il est conçu pour taper sur des clous. Il a été créé pour ça. Maintenant imaginez que ce marteau ne soit jamais utilisé. Il est juste là dans la boîte à outils. Ça lui est égal. Maintenant imaginez que ce même marteau ait une âme, une conscience. Les jours passent et il reste dans la boîte à outils. Il se sent bizarre à l'intérieur mais il ne sait pas exactement pourquoi. Quelque chose lui manque mais il ne sait pas ce que c'est.

Et puis un jour quelqu'un le sort de la boîte à outils et l'utilise pour casser des branches pour la cheminée. Le marteau est en transe. Être tenu, servir à quelque chose, taper sur les branches ! Il adore. À la fin de la journée, pourtant, il ne se sent pas pleinement accompli. Taper sur les branches, c'était sympa mais cela ne suffit pas. Il manque quelque chose.

Dans les jours qui suivent, il est souvent utilisé. Il redonne forme à un enjoliveur, il est utilisé pour casser des cailloux, il remet en place un pied de table. Il ne se sent toujours pas accompli. Il a envie de plus d'action. Il veut qu'on se serve encore plus de lui pour taper sur des trucs, pour casser des trucs, pour faire exploser des trucs, pour cabosser des trucs. Il se dit qu'il n'a juste pas eu assez d'occasions pour se sentir satisfait. Plus de la même chose, pense-t-il, est la solution à son manque de satisfaction.

Et puis un jour, quelqu'un l'utilise pour taper sur un clou. Soudain, une lumière s'allume dans l'âme du marteau. Il comprend désormais pourquoi il a vraiment été conçu. Il était destiné à taper sur des clous. Toutes les autres choses ne sont que de pâles comparaisons. Maintenant il sait ce que son âme de marteau cherchait pendant tout ce temps.

Source : http://www.everystudent.com

Rappelez-vous que souvent lorsqu'on cherche à identifier sa zone de génie, on doit commencer par accepter que ce ne sera pas forcément un métier ! C'est toujours cette crainte de découvrir une « brillance » qui ne nous permet pas de gagner notre vie qui nous empêche vraiment de l'identifier.

Alors je vous encourage à ne pas mettre de couvercle sur les bulles de votre inspiration qui vont remonter lorsque vous ferez ce travail. Je vous encourage à ne pas considérer ce qui remonte comme des choses à mettre de côté, à faire plus tard pendant votre temps libre ou quand vous aurez plus d'argent. Au contraire, cherchez à mettre le plus possible de ces choses au cœur de votre quotidien dès demain. Donnez-vous la permission d'activer ce qui résonne en vous. Il n'est pas question de tout plaquer et d'opérer un demi-tour radical dans votre vie, mais plutôt de prendre ce qui résonne et ensuite de le rendre raisonnable pour l'intégrer dans votre vie. Au début progressivement, et ensuite dès que c'est possible, de plus en plus systématiquement.

Évidemment vous avez des responsabilités. Évidemment vous vivez dans une certaine réalité avec des engagements et des contraintes. À aucun moment je ne voudrais vous encourager à ne plus être raisonnable. Ce que j'invite surtout à faire, c'est à donner du sens à votre vie en arrêtant de laisser le raisonnable vous limiter. Au contraire, commencez par ce qui résonne en vous et, ensuite, rendez-le raisonnable.

Histoire de Marie-Anne

Je vais vous raconter l'histoire d'une de mes clientes, Marie-Anne. Cette femme entrepreneuse est venue à moi car elle était à la tête depuis plusieurs années d'une agence de photographes et elle sentait qu'elle plafonnait dans son métier. Elle avait envie de voir plus grand et d'être parmi les grands de son industrie mais elle tournait en rond. Son entreprise générait du chiffre d'affaires et était profitable, mais il manquait quelque chose pour passer à la vitesse supérieure.

Après notre première conversation, j'ai compris que le plus gros problème était que son agence n'était pas vraiment à son image et manquait de cohérence avec elle. Quand nous avons exploré avec Marie-Anne quelles étaient les activités qui faisaient chanter son cœur et lui faisaient perdre la notion du temps, il est ressorti que ce qu'elle aimait faire par-dessus tout quand elle avait du temps libre (et surtout quand elle se donnait la permission de le faire), c'était de faire des découpages et des montages d'images. Elle s'installait sur la table de son salon avec ses ciseaux et elle découpait et faisait des collages. Dans les rares moments où elle parvenait à se mettre dans cette situation, le temps s'arrêtait pour elle. C'est comme si elle entrait dans une nouvelle dimension de pur plaisir et de pure connexion avec elle-même. Elle jubilait, elle se délectait, elle rayonnait.

Marie-Anne me dit alors : « Mais faire des découpages et des montages, ce n'est pas un métier, je ne suis plus une enfant ! Je peux faire cela le dimanche si par chance j'ai un peu de temps pour moi. »

Et pourtant après quelques sessions de coaching, Marie-Anne a choisi de se servir de cette passion pour repositionner son agence dans la représentation d'artistes conceptuels (en faisant des montages d'images pour créer des univers ayant un impact créatif). En fait cela faisait des années que Marie-Anne était fascinée par les artistes conceptuels, mais, pensant que ce genre d'art ne se ne vendait pas suffisamment, elle mettait en avant dans son agence des artistes qui pouvaient signer des contrats de photographie *lifestyle* (le choix raisonnable). Marie-Anne avait peut-être raison. Peut-être que le *lifestyle* était plus demandé que l'art conceptuel, mais le réel problème était que le *lifestyle* ne la faisait pas vibrer et que, du coup, son offre était complètement dispersée, elle manquait de cohérence et surtout d'impact. Elle n'arrivait pas à voir grand avec son agence et à se positionner parmi les leaders de son métier car elle ne se connectait pas avec l'art qu'elle proposait. Elle n'était pas fière de son offre, elle n'admirait pas les artistes qu'elle représentait, alors elle n'arrivait pas à signer davantage de contrats.

Nous avons donc choisi de positionner son offre autour de ce qui résonnait en Marie-Anne, et non pas en fonction de ce qui était raisonnable. Marie-Anne a alors commencé à se donner la permission de rêver à ajouter les plus grands photographes conceptuels à son portfolio. Elle a fait de la place en retirant les photographes qui ne la faisaient pas vibrer, et au bout de quelques semaines, elle signait un contrat avec une des stars du métier à l'étranger.

À la suite de ses premiers rendez-vous commerciaux, Marie-Anne m'a envoyé un message pour me dire à quel point elle se sentait forte et puissante car surtout en cohérence. Elle sentait que désormais ses interlocuteurs comprenaient ce qu'elle pouvait proposer, et surtout qu'ils sentaient son expertise sur ce créneau de la photographie.

Ce qui est merveilleux, c'est que lorsque vous bâtissez votre vie autour de vos talents et de ce qui résonne en vous, alors rien ne peut vous arrêter. Vous vous sentez tellement en cohérence avec votre vie qu'il n'est pas question de vous arrêter. Même si autour de vous la vie est morose, même si autour de vous on parle de crise et d'austérité. Même si les autres doutent de vous ou ont envie de vous limiter (soi-disant pour vous protéger), vous continuez à avancer, vous ne baissez pas les bras pour aller de l'avant sur vos projets et vos grandes idées qui évoluent en même temps que vous avancez, car vous sentez bien que votre vitalité en dépend.

« Votre temps est très limité, alors ne le gâchez pas en vivant la vie de quelqu'un d'autre… Ne laissez pas le bruit de l'opinion des autres noyer votre propre voix intérieure. Et le plus important, ayez le courage de suivre votre cœur et votre intuition. Ils savent d'une certaine façon ce que vous voulez vraiment devenir. Tout le reste est secondaire. »

Steve Job

Je me souviendrai toujours de mes débuts. J'ai vraiment galéré à développer mon chiffre d'affaires et pourtant, à aucun moment, il n'a été question d'arrêter. Je n'avais pas de clients ou très peu, et encore aujourd'hui je rencontre des personnes autour de moi qui ont été témoins de mon chemin et qui me disent avoir été vraiment inspirées de me voir avancer malgré toutes les difficultés que j'ai pu rencontrer. Ils me disent : « Tu viens de loin, tu n'as jamais baissé les bras, on t'a vu essayer, te planter, te relever, te repositionner, progresser, apprendre et maintenant rayonner ! » J'ai fait mon chemin car le coaching est ma vocation. C'est le canal qui me permet d'activer ma zone de génie et de révéler mes talents un peu plus tous les jours.

À ce stade de votre lecture, vous devez avoir hâte vous aussi de pouvoir identifier votre « être profond » et les choses qui vous inspirent. Que vous soyez entrepreneur, au foyer, salarié ou retraité, vous aussi vous pouvez oser être brillant(e).

Mon plus profond désir est que ce livre soit un réel déclic dans votre vie et surtout que vous parveniez à mettre en œuvre pour vous ce que vous lisez. Alors pour vous permettre d'avancer je voudrais vous demander de prendre le temps de noter sur votre *Carnet de pépites* les réponses aux questions suivantes.

Exercice QUELQUES QUESTIONS À VOUS POSER POUR IDENTIFIER VOTRE « ÊTRE PROFOND » ET LES CHOSES QUI VOUS INSPIRENT

Listez dans votre carnet ce que vous avez toujours rêvé de faire ou de devenir dans le présent et dans le passé, et surtout quand vous étiez enfant avant que l'opinion des autres ne devienne importante.

Listez dans votre carnet les choses que vous aimiez le plus faire dans le passé (avant que vous ne soyez trop occupé ou débordé par la vie).

Qu'est-ce que vous regretteriez de ne pas avoir fait (faire), eu (avoir) ou été (être) dans votre vie ?

Imaginez que vous avez gagné au loto, vous avez réalisé tous vos rêves matériels (maison, voiture, voyages...). Maintenant, qu'est-ce que vous voulez faire ?

QUELQUES QUESTIONS À VOUS POSER POUR IDENTIFIER VOTRE « ZONE DE GÉNIE »

Quelles sont les activités qui font chanter votre cœur, vous donnent un profond sentiment de joie et vous mettent de bonne humeur ?

Parmi ces activités, est-ce qu'il y en a qui vous font tout particulièrement perdre la notion du temps ?

Quels sont les sujets qui attirent toujours intensément votre attention (à la radio, sur Internet, dans la presse, lors de conversations…) ? Qu'est-ce qui vous attire en eux ?

Souvenez-vous d'une fois où vous vous êtes couché profondément satisfait de ce que vous aviez accompli ce jour-là :

- Qu'aviez-vous fait ce jour-là ?
- À quel moment avez-vous fait preuve de « génie » durant cette journée ?
- Qu'est-ce que cela vous permet de découvrir sur vous-même ?

Envoyez un e-mail ou bien ayez une conversation avec cinq personnes de votre entourage (amis, collègues, ancien patron…). Demandez-leur quelles sont, selon eux, vos deux plus grandes qualités et demandez-leur aussi de partager avec vous une (ou plusieurs) situation spécifique pendant laquelle vous avez brillamment activé cette qualité.

- Quelle était la situation ?
- Qu'est-ce que vous avez fait ?
- Quel a été le résultat de vos actions ?
- Qu'est-ce qui est devenu possible ?

En général, quand je demande à mes clients de faire cet exercice, nombreux sont ceux qui ont beaucoup de réticences à oser demander. Et pourtant, je voudrais vous encourager à avoir l'audace de réellement faire cet exercice avec cinq personnes. Vous ne serez pas déçu des réponses que vous allez recevoir, je peux vous le garantir !

Écrivez ce que toutes les questions de cet exercice ont révélé pour vous. Quels sont les points communs dans vos réponses ? Y a-t-il des activités identiques, des manières d'être identiques, des émotions identiques ? Prenez le temps de noter tout ce qui vous vient en tête sans retenue.

Fermez les yeux, prenez trois grandes respirations profondes et posez-vous la question suivante : « Quelle est ma brillance ? »

CONCLUSION

Oser être brillant, c'est important car une fois que nous arrivons à faire cela, nous ne ressentons plus le besoin de remplir le vide de notre vie par des objets ou que sais-je encore. Nous n'avons plus besoin de fuir notre vie cachés derrière nos écrans ou dans nos rêves de voyages lointains. Nous ne sommes plus affectés par les mauvaises nouvelles et la morosité ambiante. Nous n'avons plus peur de ce qui peut nous arriver car nous sentons notre puissance et nous savons que nous pouvons tout surmonter.

Quand nous osons être brillants, nous devenons vivants car nous activons nos talents et nous provoquons des situations pour être tous les jours encore plus en cohérence avec nous-mêmes. Nous avons la grande audace de croire que ce qui résonne en nous est important. Nous avons le courage de bâtir notre vie autour de ce qui nous fait vibrer, quitte à vivre une vie ou exercer un métier qui ne ressemble à rien de ce qu'on aurait imaginé. Nous activons alors notre créativité et rien qu'en étant davantage nous-mêmes nous innovons !

En osant être brillants, nous révélons nos talents et nous les partageons avec le monde. En osant être brillants, nous vivons une vie cohérente et impactante. En osant être brillants, nous arrêtons d'être victimes et nous osons devenir pleinement entrepreneurs et acteurs de cette formidable vie qui est la nôtre.

PRINCIPE N° 2

JE POSE DES ACTES À LA HAUTEUR DE MON **AMBITION**

CE QU'IL **FAUT** SAVOIR

Je rencontre souvent des hommes et des femmes qui, à un moment donné de leur vie, commencent à se poser des questions sur le sens de leur vie justement. Souvent ils ont commencé leur carrière sur les chapeaux de roue sans trop réfléchir à autre chose qu'à leurs augmentations de salaire, leurs responsabilités et la linéarité de leur *curriculum vitae*. Ils ont souvent parallèlement fondé une famille et ont répondu prioritairement au besoin d'argent toujours grandissant de leur famille : de l'argent pour la maison, de l'argent pour les courses, de l'argent pour les vêtements, de l'argent pour les cadeaux, de l'argent pour les vacances, de l'argent pour une nouvelle voiture, de l'argent pour les derniers gadgets à la mode… Et puis un matin, probablement installés dans leur zone de compétence ou leur zone d'excellence, ils se réveillent et se demandent : « À quoi bon ? »

« L'homme est ce qu'il fait. »

André Malraux

Ils ont l'impression d'être un hamster dans sa roue à courir après l'argent et le temps, et ne peuvent plus tolérer l'idée de continuer à fonctionner ainsi pendant les trente prochaines années de leur vie.

On nous fait croire que nous devons toujours posséder « la dernière chose à la mode » pour être heureux : la paire de chaussures hyper branchée, le smartphone dernier cri, les lunettes de soleil trop tendance, mais toutes ces envies ou tous ces « besoins » nourrissent certes notre ego mais ne créent pas de bonheur durable. Souvenez-vous de la dernière fois que vous vous êtes fait plaisir en vous achetant un nouveau vêtement ou un nouveau gadget. Vous avez pu le montrer à vos amis et en profiter pleinement quelque temps, mais combien de temps a duré ce sentiment de satisfaction ?

Au bout de combien de jours votre attention a-t-elle été attirée par une nouvelle chose, un nouveau désir, une nouvelle envie qu'il fallait absolument assouvir ?

Le bonheur ne vient pas de l'argent ou des choses que l'argent peut acheter. Le bonheur vient du sens que nous apportons à notre vie. Le bonheur ne vient pas des choses brillantes dans les vitrines ou dans les magazines, mais de la brillance qui est en nous. Le bonheur vient quand on grandit, quand on se développe, quand on a un impact positif dans la vie des autres.

« Être le type le plus riche du cimetière ne m'intéresse pas... Me coucher le soir en me disant que nous avons fait un truc formidable... c'est ce qui m'intéresse. »

STEVE JOB

On nous fait croire que notre destinée est d'être consommateur. Et nous sommes de plus en plus nombreux à nous réveiller et à nous rendre compte que nous avons au fond de nous un pouvoir créateur qui est complètement sous-exploité.

Nous ne voyons plus l'intérêt de travailler pour gagner de l'argent et pouvoir ensuite le dépenser. Nous avons envie de donner plus de sens à notre travail et à nos vies.

Au-delà de tout, nous avons envie de nous réaliser et de nous sentir utiles.

Nous pouvons « réussir » dans notre vie extérieure mais ressentir un vide à l'intérieur.

Je rencontre de plus en plus de personnes qui se demandent si elles sont sur la bonne voie ou s'il ne faudrait pas tout recommencer. Certaines, découragées ou terrifiées à l'idée de se remettre en question, décideront de faire l'autruche pendant encore quelques années car elles ont trop peur des conséquences éventuelles du changement. Elles pensent qu'elles vont devoir renier tout ce qu'elles ont bâti (leur carrière, leur famille) et du coup elles sont paralysées.

Certains vont d'ailleurs chercher à oublier ou à fuir dans l'alcool ou le jeu, d'autres vont se laisser hypnotiser par la télévision et se laisser gaver par tout ce que leur propose la société de consommation, pour ne pas avoir à affronter une éventuelle remise en question.

Pas besoin d'être particulièrement croyants ou spirituels pour sentir quand il manque un certain « je ne sais quoi » dans notre vie. Nous sommes alors en quête de quelque chose qui pourrait nous rendre plus « alignés » avec nous-mêmes et avec les valeurs de notre vie.

« Même si la vie n'a pas de sens, qu'est-ce qui nous empêche de lui en inventer un ? »

Lewis Caroll

Je tiens à vous rassurer : ce qui est important, c'est de prendre conscience que nous n'avons pas besoin de renier nos choix passés pour activer notre brillance dans nos actes et donner plus de sens à notre vie. Si vous lisez ces lignes et que vous ressentez un certain inconfort, sachez que je crois du fond de mon cœur que tout ce que vous avez fait jusqu'à aujourd'hui est parfait. Et c'est exactement ce que vous deviez faire pour en arriver au point où vous en êtes aujourd'hui, qui est peut-être le début du commencement de votre nouvelle vie ! C'est parfait parce que c'est ! Rien ne sert de juger votre passé ou votre réalité présente.

Toutes ces expériences, bonnes ou mauvaises, que nous avons vécues entre le jour de notre naissance et aujourd'hui sont parfaites car elles nous ont forgés et nous ont permis d'être qui nous sommes aujourd'hui. Il ne s'agit pas ici de chercher à jeter par la fenêtre tout ce que vous avez construit, il ne s'agit pas non plus de renier vos choix. Regarder en arrière, chercher à tout analyser, se juger soi-même, juger les autres, ne permet pas d'avancer.

Et si nous parvenions à simplement accepter notre réalité présente et à regarder de l'avant pour donner la direction que nous voulons à notre vie, dans une énergie d'ouverture, de curiosité et d'acceptation, et non pas de rejet, de culpabilité et de lutte ?

Aujourd'hui, ce qui est important, c'est que nous acceptions de ne plus rester spectateur et consommateur de la vie mais, au contraire, de prendre notre place d'acteur et de créateur ! Partir au travail tous les matins n'est plus suffisant. Il est urgent que nous activions notre pouvoir créateur et que nous apportions notre bonté, notre talent et notre richesse intérieure dans notre travail, dans nos actes.

* Je suis acteur et créateur

Avez-vous remarqué comme souvent nous n'avons aucun problème à juger ou commenter ce que les autres « font », et à expliquer comment ils auraient dû faire autrement ? Nous avons toujours de belles idées sur comment les choses devraient être et à quel point la société et les autres – et surtout ceux qui ont le pouvoir – font n'importe quoi.

Les autres sont débiles, les autres sont incompétents, ils n'ont rien compris et font n'importe quoi, mais en attendant nous nous contentons de juger et de commenter en restant assis sur notre chaise ou dans notre canapé.

Arrêtons de râler et devenons les entrepreneurs du nouveau monde. Arrêtons de nous poser en spectateurs et commentateurs de la vie comme si nous étions sur les gradins d'un grand stade à commenter le match qui se joue sur le terrain. Oui, les joueurs sur le terrain sont imparfaits, oui ils font des erreurs, mais eux au moins ils s'entraînent tous les jours pour devenir meilleurs. Ils ont le courage de venir sur le devant de la scène jouer le match de la vie.

Refusons de rester sur les gradins, sur le banc, sur le bas-côté, levons-nous et osons aller faire la différence avec nos actions (im)parfaites sur le terrain. Ne laissons pas nos « amis » qui, pour nous protéger (ou pour que nous leur tenions compagnie), veulent nous retenir sur les gradins, ne laissons pas nos peurs nous empêcher de descendre sur le terrain. Ne laissons pas notre perfectionnisme nous faire croire que nous ne sommes pas légitimes et que nous devons continuer à nous préparer ! Arrêtons de « commenter » et osons poser des actes à

« Le critique ne raconte absolument rien : tout ce qu'il fait c'est pointer du doigt l'homme fort quand il chute ou quand il se trompe en faisant quelque chose. Le vrai crédit va pourtant à celui qui se trouve dans l'arène, avec le visage sali de poussière, de sueur et de sang, luttant courageusement. Le vrai crédit va vers celui qui commet des erreurs, qui se trompe mais qui, au fur et à mesure, réussit car il n'existe pas d'effort sans erreur. Il connaît le grand enthousiasme, la grande dévotion, et dépense son énergie sur ce qui vaut la peine. »

Théodore Roosevelt
à la Sorbonne,le 23 avril 1910

la hauteur de ce que souhaitons voir dans le monde.

Nous le sentons bien tous au fond de notre cœur. Nous voulons apporter de la vraie valeur au monde et nous devons prendre conscience que nos belles intentions (et surtout nos critiques) ne suffisent pas pour donner forme à cette société qui est la nôtre. Ce sont nos actions qui feront la différence. Nous avons envie de profondeur ? Nous avons envie de sens ? Nous avons envie d'innovation ? Nous avons envie d'humanité ? Nous avons envie de collaboration et de solidarité ? Nous rêvons de voir notre économie se transformer et notre société se recentrer ? Eh bien pour cela, nous avons un rôle à jouer. Nous sommes la société, nous sommes l'économie.

Il ne s'agit pas ici de se mettre dans la position du « sauveur », mais plutôt de prendre conscience que nous sommes les créateurs du monde d'aujourd'hui et du monde de demain. Nous avons le pouvoir de poser notre pierre à l'édifice, à notre échelle de donner forme et d'impacter le monde de manière positive et il est même de notre responsabilité de le faire.

* Je vis ma vocation

J'ai grandi avec la croyance que les personnes qui choisissaient de vivre leur vocation étaient uniquement celles qui choisissaient le sacerdoce ou la vie religieuse. Et pourtant je suis maintenant entourée de personnes qui choisissent, elles aussi, de vivre leur vie comme une vocation, qu'elles soient hommes ou femmes, parents, entrepreneurs, professeurs, avocats, employés ou managers. Vivre sa vocation, c'est rattacher sa vie à une mission qui nous dépasse, c'est s'engager à activer nos talents pour contribuer au monde.

Nous pouvons vivre notre vocation à la maison, mais aussi dans notre travail ou dans notre communauté, à l'échelle de notre foyer mais aussi de notre ville, de notre région, de notre pays ou du monde entier. À chacun de ces niveaux, notre mission est précieuse et unique.

Vivre sa vocation, c'est choisir d'aligner son travail avec ce que nous voulons voir dans le monde. Je parle ici du travail au sens large et pas forcément uniquement du travail salarié. Le travail peut être de produire quelque chose, de servir des personnes, de prendre soin des personnes, des animaux ou des lieux, de créer ou d'étudier. Cela peut correspondre à un travail manuel mais aussi à un travail intellectuel. Notre travail, ce sont les activités de notre journée que nous soyons salariés, entrepreneurs, chômeurs, parents au foyer ou même retraités.

« Chacun a été fait pour un travail particulier, et le désir de ce travail a été mis dans tous les cœurs. »

Djalâl ad-Dîn Rûmî

Pour vivre notre vie pleinement réveillés, nous sommes invités à activer notre brillance dans notre travail et à explorer l'idée de vivre ce travail comme une vocation.

Et si tous les matins nous commencions notre journée en ayant l'impression de partir vivre une mission pleine de sens à laquelle nous avons choisi de nous consacrer ?

Martin Seligman, le fondateur de la psychologie positive, décrit trois sortes de vies heureuses : la vie plaisante durant laquelle nous remplissons notre vie du plus de plaisirs possibles ; la vie de l'engagement dans laquelle nous centrons notre vie sur notre travail, notre rôle de parents, nos relations amoureuses et nos loisirs ; et la vie pleine de sens qui consiste à connaître nos talents et à les mettre au service de quelque chose qui est plus grand que nous.

Pendant longtemps, quand je pensais à la notion de vocation, je pensais surtout aux personnes comme Mère Teresa, Sœur Emmanuelle ou l'Abbé Pierre qui ont consacré leur vie à aider les pauvres, ou bien Médecins Sans Frontières ou encore tous les bénévoles qui partent construire des puits ou bâtir des écoles en Afrique. J'ai maintenant compris que la notion de vocation n'était pas forcément liée au bénévolat ou à l'aide des plus démunis. Nous pouvons tout à fait vivre notre vocation tout en gardant notre travail, tout en restant dans notre ville. Nous pouvons choisir de transformer notre travail pour qu'il prenne la forme d'une vocation.

« Le bonheur se trouve dans l'action et non pas dans la possession. »

Napoléon Hill

Nous pouvons même vivre notre vocation et générer des revenus ! Il y a en effet désormais une multitude d'exemples d'entreprises qui ont su trouver des solutions pour aligner croissance économique et contribution à l'humanité !

Je rencontre en effet de plus en plus de professionnels qui, tout en gardant leur emploi, ont su activer leurs talents, mettre plus d'eux-mêmes dans leur travail et ainsi contribuer à rendre le monde meilleur autour d'eux.

Je crois fermement que vivre sa vocation n'est pas forcément quelque chose que nous devons faire bénévolement après notre journée de travail. Je crois qu'il est important que nous apprenions à combiner la création de richesses financières avec l'activation de notre brillance et la création de valeurs pour l'homme et la planète, car c'est le seul moyen de pouvoir contribuer de manière durable. Si nous continuons à croire que les personnes qui contribuent au monde se doivent forcément d'être démunies, alors nous ne serons probablement jamais prêts à nous sentir concernés.

Apprenons à bâtir de nouveaux modèles économiques, n'ayons pas peur d'inventer de nouveaux métiers, de nouveaux produits, de nouveaux services qui nous permettent d'activer nos talents pour donner forme au monde qui est le nôtre tout en créant de la richesse. Nous avons besoin de richesses pour nous nourrir, nous loger, nous éduquer et profiter des plaisirs de la vie, c'est indéniable. Cessons de cultiver la croyance que les « riches » manquent forcément d'intégrité et que les personnes ne sont « bonnes » que si elles sont modestes et démunies (une grande partie de mon activité de coaching tourne autour de ce sujet).

Pour contribuer au monde et vivre son travail comme une vocation, il est important, une fois que nous avons pu identifier nos talents, de les mettre en action et au service de quelque chose qui nous dépasse. Il s'agit en effet de choisir là où nous avons envie d'intervenir, d'identifier peut-être un problème ou un manque dans notre vie ou dans notre entreprise, et ensuite de nous engager cœur et âme à créer du changement dans ce domaine.

Histoire d'Audrey et Isabelle

Pour illustrer ce point, je voudrais vous parler d'Audrey et Isabelle. Ces deux femmes travaillaient ensemble dans leur cabinet de psy et elles en ont eu marre de voir des enfants en échec scolaire, ou totalement paralysés par des angoisses de performance excessive. Elles en ont eu marre aussi de rencontrer des parents stressés par la réussite de leurs enfants. Elles en ont eu assez, également, de voir autant d'adultes en difficulté, se sentant coincés et doutant profondément de leurs capacités à évoluer.

Plutôt que de râler sur le système éducatif en place et de passer leurs journées à panser les blessures de leurs patients, elles sont parties en mission pour changer la pédagogie. Elles ont développé la Pédagogie positive® faite de psychologie positive, de pédagogies douces et d'outils pour apprendre avec joie et confiance. Elles ont écrit un livre qui est devenu un best-seller (voir Bibliographie p. 223), et ont développé un réseau international de formateurs pour que des milliers d'enfants (et d'adultes) puissent se réconcilier avec leurs capacités d'apprentissage et devenir acteurs de la croissance du monde de demain.

Ce qui est merveilleux, c'est qu'à chaque fois qu'elles augmentent leur chiffre d'affaires, elles savent surtout qu'elles augmentent leur impact et qu'elles permettent à de plus en plus de personnes de reprendre confiance en leurs capacités d'apprentissage et donc de prendre leur réussite en main.

Leur réussite financière est le reflet de leur contribution pour l'humanité. Elles ne cherchent plus à réussir uniquement pour gagner plus, elles cherchent surtout à réussir pour contribuer plus. C'est un cercle vertueux.

Ne pensez-vous pas que c'est dans ce sens que nous devrions tous orienter notre travail ?

Vous aussi, vous pouvez partir en mission et choisir votre vocation. Trouvez quelque chose qui vous agace, quelque chose qui vous rende vraiment triste, et ayez l'audace d'être créateur de changement. Devenez acteur dans vos familles, dans vos villages, dans vos bureaux. Mettez votre brillance au service d'une cause qui vous dépasse. Une cause qui vous invite à être meilleur quoi qu'il arrive. Une cause qui insuffle du sens dans votre activité professionnelle et engage pleinement votre pouvoir créateur.

L'intérêt de vivre notre travail comme une vocation, c'est que nous nous retrouvons à vouloir toujours être meilleurs pour de vraies bonnes raisons ! Non pas pour notre ego, mais pour la cause que nous défendons. Nous nous retrouvons dans une quête passionnante pour combiner réussite professionnelle, création de richesses et contribution à l'humanité.

* Je prends exemple sur des personnes inspirantes

Je pense que nous manquons grandement d'exemples de réussite dans ce domaine, et cela me semble crucial que nous apprenions à admirer et à nous inspirer de ceux qui ont l'audace d'avancer sur ce chemin. C'est pourquoi je voudrais vous raconter certaines histoires inspirantes de personnes que j'ai eu la chance de croiser sur mon chemin. Certaines de ces personnes sont entrepreneurs, d'autres ont su se créer un métier sur-mesure qui n'existait pas pour activer leurs talents et contribuer à une cause qui les faisait vibrer. Toutes ont su oser sortir du cadre et mettre ce qui leur semblait juste et vrai sur le devant de la scène de leur vie dans l'espoir de pouvoir contribuer à l'humanité.

Toutes ces personnes sont également des personnes ordinaires et imparfaites. Et pourtant, il me semble important de prendre le temps de célébrer leurs accomplissements (extra)ordinaires et de les mettre en avant ici pour que nous puissions tous continuer à croire que c'est possible et que, nous aussi, nous pouvons en faire autant (même si, concrètement aujourd'hui peut-être, certains d'entre vous ne savent pas exactement comment faire).

- Alexis, une de mes amies de Californie, est avocate. Après avoir commencé sa carrière dans un prestigieux cabinet d'avocats américain et avoir ensuite monté son propre cabinet, elle s'est finalement rendu compte que le business model froid et distant des transactions facturées à l'heure des cabinets d'avocats ne collait absolument pas avec son rêve de jeune professionnelle qui avait choisi cette carrière pour se mettre au service du bien-être et de la sérénité des familles. Elle a pris conscience que le modèle traditionnel de son industrie était cassé et a fondé le Family Wealth Planning Institute (www.familywealthmatters.com), un centre de ressources qui révolutionne la manière dont les services juridiques sont proposés aux familles et aux petites entreprises. Elle a développé un nouveau modèle qui permet d'abandonner la

facturation à l'heure (ou même parfois à la minute chez certains avocats !) pour au contraire se concentrer sur une communication proactive avec les clients et un système d'abonnement permettant un suivi continu. La vocation d'Alexis est de permettre aux familles d'avoir un avocat de famille sur lequel elles peuvent compter à tout moment de leur vie, tel un médecin de famille qui accompagne les enfants et les parents au fil des années. En seulement trois ans, Alexis a développé une entreprise dont les revenus annuels dépassent le million de dollars. Elle a ensuite développé une licence et forme actuellement tout un réseau d'avocats souhaitant proposer aux familles et aux PME de leur région l'accès à un accompagnement juridique sur le long terme sans se ruiner.
Alexis aurait pu râler sur le système pendant des années. Elle aurait pu choisir de serrer les dents et de poursuivre sa carrière pour ne pas gâcher ses diplômes ou surtout pour garantir une stabilité financière à sa famille (à l'époque, elle venait de divorcer, avait deux jeunes enfants à charge et son ex-mari était sans emploi). Elle aurait aussi pu jeter l'éponge et décider qu'elle s'était trompée de métier. Mais plutôt que de se reconvertir ou de se positionner en victime, elle a choisi de proposer une offre qui collait davantage avec ce qui lui semblait juste et de s'y consacrer corps et âme (sans pour autant sacrifier la rentabilité nécessaire à un système « durable »).

- Marlène Shiappa est une femme qui exerce un métier qu'elle a inventé de toutes pièces. Depuis sa plus tendre enfance, cette femme rêvait d'être journaliste et avocate pour défendre les gens. Le manque de moyens de ses parents pour financer ses études ainsi que les propos alarmistes de ses professeurs lui disant à l'époque que la voie du journalisme était bouchée l'ont amenée à entrer sur le marché du travail avec tout juste un bac en poche. Après quelques années de galère à faire des tâches répétitives et sans grand intérêt, Marlène ne se laisse pas abattre et fait son bout de chemin pour gravir les échelons. Elle décroche un boulot à forte responsabilité chez Euro RSCG (une des plus importantes agences de communication de la place de Paris). Puis, quand Marlène

devient maman à 23 ans, elle prend conscience des difficultés à vouloir concilier carrière et maternité. Ses horaires sont intenables (crèche qui ferme à 17 h 45, briefs qui durent jusqu'à 20 heures). Tout concilier devient extrêmement difficile et elle sent que son statut de jeune maman limite son évolution professionnelle. Elle prend aussi conscience de la manière dont les médias ont tendance à réduire les femmes au statut de ménagères toujours au régime et destinées à s'acheter le dernier *it bag* pour combler leur existence. Elle lance alors *Les Passionarias : le premier féminin sans pub, sans régime et sans Paris Hilton*. Puis son chemin l'amène à lancer le blog « Maman travaille » (www.mamantravaille.fr) qui rencontre immédiatement un vif succès. Elle monte une association du même nom et publie une douzaine de livres, fait des conférences et du conseil en entreprises sur le sujet de l'égalité des femmes et des hommes au travail. Marlène est aussi jurée de plusieurs concours liés à la carrière des femmes (Trophée 1001 Vies, Trajectoires HEC au féminin...) et a été auditionnée à l'Assemblée nationale.
Marlène s'est emparée de la cause de l'égalité hommes/femmes et en a fait son métier. Elle est ainsi blogueuse, consultante, formatrice, chroniqueuse, présidente d'associations, organisatrice de conférences, chef d'entreprise, auteure, lobbyiste... Elle se considère comme une « militante », et ce militantisme s'exprime sous différentes formes. Qu'elle anime une formation sur l'égalité hommes/femmes auprès de managers d'une entreprise du CAC40, qu'elle intervienne dans une institution de la République pour défendre les mères qui travaillent, qu'elle écrive un livre, une chronique humoristique ou sérieuse, ou qu'elle organise ou anime une conférence sur la conciliation vie professionnelle/vie familiale, finalement Marlène est toujours en train de suivre sa vocation. Rien ne pourra l'arrêter car son travail est porteur de sens et lui permet de combiner réussite professionnelle et contribution pour l'humanité.

- J'ai récemment fait la connaissance de Frédéric Lippi qui se présente à moi en me disant qu'il est devenu chef d'entreprise par héritage et entrepreneur par cœur. Il est président du conseil d'administration d'une entreprise familiale qui porte son nom (Lippi, www.lippi.fr, est une société métallurgique implantée en Poitou-Charentes). Il se dégage de Frédéric un profond désir d'innover et de développer un nouveau paradigme notamment en termes de management. Frédéric est en mission. Il ne supporte pas l'idée que l'entreprise puisse être un lieu qui vide et pompe les salariés de leur énergie et de leur potentiel. Il a pour ambition de créer un environnement de travail où règne le bien-être de tous. Pour lui, mettre en place une salle de sport ou faire intervenir un masseur dans les bureaux ne peut pas avoir d'impact sur le réel bien-être des salariés. Non, ce que Frédéric souhaite, c'est supprimer les barrières hiérarchiques et activer la réelle contribution de chacun. Frédéric me dit : « À partir du moment où on nomme un responsable, plus personne ne prend ses responsabilités. » (Waouh !) Frédéric fait le pari de laisser plus de liberté au personnel et ce n'est pas évident tous les jours. Nous sommes en effet nombreux à partager l'avis de Frédéric et à penser qu'il est urgent d'offrir plus d'autonomie, de dialogue, de partage et de libertés dans les équipes, mais rares sont ceux qui osent chercher à mettre en œuvre une solution qui fonctionne sur le terrain. Ce n'est pas le tout de dire que le système ne marche pas, il faut des personnes comme Frédéric pour aller sur le terrain et prendre des risques pour essayer de faire autrement. Il faut de bonnes âmes pour récolter des échecs et essuyer les plâtres pour pouvoir tirer les leçons et développer petit à petit un nouveau modèle managérial sur lequel le reste des entreprises du monde pourra s'appuyer pour combiner bien-être des équipes et santé du bilan financier (indispensable pour, une fois de plus, garantir la « durabilité » du modèle !). Mais je vous rassure, Frédéric ne semble aucunement se sacrifier. Quand il parle de ce qu'il fait, on le sent vibrer. Sa brillance est activée pour le bien-être de l'humanité !

- Avez-vous entendu parler d'Amma ? Cette femme qui parcourt le monde pour faire des câlins à tous ceux qui veulent bien venir dans ses bras ouverts ? Très jeune, Amma constate la souffrance autour d'elle et, bien qu'elle soit une femme et qu'elle vive en Inde (on dit que les femmes en Inde doivent rester en retrait et que même les murs ne doivent pas les entendre), elle décide de consacrer sa vie à alléger cette souffrance. Dans sa religion (l'hindouisme), il est dit que la souffrance d'un individu est due à son propre karma (le résultat de ses actions passées). Bien qu'Amma croie en cela, elle refuse de se retrancher derrière cette croyance pour ne rien faire. Sur son site Internet (http://amma.org/), il est écrit qu'elle a contemplé ce principe de karma jusqu'à ce qu'elle parvienne à une vérité encore plus profonde. Elle nous pose alors la question qu'elle continue de se poser tous les jours : « Si c'est le karma de l'homme de souffrir, n'est-il pas notre dharma (notre responsabilité) d'aider à alléger cette souffrance et cette douleur ? » Alors, bien que dans sa communauté il soit interdit aux femmes de toucher les hommes, Amma ne peut s'empêcher de les prendre dans ses bras. Malgré de nombreuses réactions violentes, elle a su suivre son cœur. Elle explique : « Un flot continu d'amour me traverse pour toucher toutes les créations. Je suis née avec cette nature. Le devoir du docteur est de soigner ses patients, de la même manière mon devoir est de consoler ceux qui souffrent. »

Notre plus profonde mission de vie, je pense, est de nous donner la permission d'activer ce qui émerge en nous, de nous permettre d'oser entendre ce que notre cœur nous dit, et d'oser croire que ce que nous avons en nous a de la valeur et mérite que nous le partagions avec le monde.

Alors vous aussi qui lisez ce livre, osez partir « en mission ». Votre mission vous donnera l'opportunité d'activer vos dons, elle vous rendra vivant et vous permettra de vous rendre utile avec sens et puissance. Votre mission n'a pas besoin d'être forcément publique. Vous pouvez être en mission en gardant votre emploi, vous pouvez être en mission au sein de votre famille, dans votre village ou avec vos collègues.

* J'ose agir

Avoir de belles idées et l'envie d'activer nos talents et de partir en mission n'est pas suffisant. Nous sommes bien tous d'accord pour dire que ce qui rendra tout cela concret, ce sont nos actions.

Ce qui compte vraiment, c'est que notre vocation ne soit pas juste une « belle intention ». Une vocation est une chose à laquelle on se consacre vraiment. Elle n'est réelle qu'à partir du moment où on s'engage et on ose, sans baisser les bras et sans impatience (c'est souvent cela le plus difficile), poser des actes à la hauteur de nos ambitions.

J'ai appris que pour vivre ma vocation, il fallait que j'accepte d'essayer, de recommencer, de me remettre en question, de m'améliorer. Il fallait que j'accepte que ce que je faisais ne marchait pas forcément du premier coup.

« Demande-toi où est ta vraie voie et suis-la. Sinon tu auras toujours le sentiment d'un grand vide en toi... »

Katherine Pancol

Dans son livre *Outlier* (voir Bibliographie p. 223), Malcolm Gladwell écrit qu'une des clés de la réussite est d'accepter de passer 10 000 heures à pratiquer son « art ».

Les Beatles n'ont-ils pas passé un nombre impensable d'heures à jouer dans des festivals avant que nous n'entendions parler d'eux ?

Carol S. Dweck, professeur renommée de l'université de Stanford et chercheuse reconnue dans le domaine de la motivation, auteur du livre *Mindset* (voir Bibliographie p. 223), nous amène à prendre conscience que notre puissance est souvent plus dans notre état d'esprit que dans notre compétence initiale. Elle pose la question : « Qu'est-ce qui a fait la différence, le don de Mozart pour la musique ou le fait qu'il ait travaillé son piano jusqu'à ce que ses mains soient déformées ? » Est-ce que c'est la compétence scientifique de Darwin ou le fait qu'il a collecté des spécimens sans arrêt depuis sa plus tendre enfance ? Ce qui a fait la réussite de Mozart et de Darwin, c'est leur passion et leur persistance dans leur travail. Ces deux génies dans leurs domaines ne se sont jamais arrêtés car ils ne pouvaient finalement pas faire autrement. Ils étaient en mission. Ils ont suivi leur destinée, suivi ce qui les faisait vibrer et travaillé sans fin pour constamment devenir meilleurs. C'est sur le terrain avec leurs essais et leurs erreurs qu'ils ont pu développer leurs compétences.

« Il existe une place que vous devez occuper et que personne d'autre ne peut occuper, vous avez une tâche à faire que personne d'autre ne peut accomplir. »

Platon

Souvent nous avons tendance à voir la chose de manière inverse. On ressent le profond désir de faire quelque chose mais on ne se sent pas compétent. Alors on le reporte à plus tard et souvent on ne le fait jamais. C'est sur le terrain, avec nos actions, que nous pouvons apprendre, progresser, nous améliorer et développer notre talent.

C'est pourquoi, une fois que nous sommes sur le point de rendre notre vocation une réalité, il ne faut pas avoir peur de rester dans notre mission pendant des années, de travailler dessus avec concentration pendant dix ans s'il le faut. C'est ainsi que nous pourrons faire une vraie différence et avoir le premier rôle de notre vie.

Dans la vie, tout est créé deux fois : d'abord dans nos esprits où naissent nos idées et où notre inspiration est activée, et ensuite dans nos actions qui ancrent notre projet dans la réalité. L'un ne peut pas se faire sans l'autre.

Gay Endricks, dans son livre *The big Leap*, nous dit que généralement nous avons des faiblesses dans l'un ou l'autre de ces deux domaines : soit nous faisons partie de ces personnes qui font, font, font… sans savoir vraiment où elles vont (sans vision), soit nous nous perdons dans la vision et dans l'élaboration de nos idées et nous sommes incapables de poser des actes concrets.

D'un côté il y a ceux qui se lèvent le matin avec une liste de choses à faire interminable et qui ont cette capacité à avancer et à « dépoter ». Ils dépensent leur énergie à gérer une multitude de choses urgentes (les e-mails, les clients, les réunions, les courses, les lessives, les petits travaux dans la maison, etc.) sans vraiment réussir à y faire rentrer les choses importantes (leurs projets de fond, leurs rêves, leur vocation qu'ils n'ont jamais vraiment pris le temps d'affiner).

« Chaque être est mis sur terre pour une certaine vocation. »

Saadi

De l'autre côté, il y a ceux qui passent beaucoup de temps à réfléchir sur ce qui les fait vibrer. Ils ont toujours plein d'idées et de projets. Ils peuvent extrapoler, imaginer, rêver, en parler… sans jamais commencer. Combien de fois avons-nous dit à nos amis qu'« un jour » nous voudrions faire ceci ou faire cela… Combien de fois avons-nous débattu sur ce qu'il faudrait changer dans la société… Combien de fois avons-nous reporté à plus tard (ou sur les autres) la mise en œuvre de nos idées. Nous refaisons constamment le monde sans oser poser d'actes significatifs qui vont réellement créer la vie que nous voulons.

Pour illustrer ce propos, je voudrais vous raconter l'histoire touchante et inspirante de Laeticia.

Histoire de Laeticia

Laeticia est juriste dans la finance. Elle est spécialiste dans un domaine très pointu de son industrie et vit depuis plusieurs années dans le confort de sa zone d'excellence. Bien payée, très reconnue, elle a sur le papier une carrière réussie ! Mais son travail manque de sens. Laeticia ne se sent pas alignée avec son métier. Pour ne pas perdre son identité et rester connectée avec ses valeurs, cela fait plus de dix ans que, dans ses dîners d'amis, elle dit qu'un jour elle va tout plaquer et partir ouvrir une chambre d'hôtes en Floride.

Laeticia peut parler de ce projet pendant des heures. Elle a tout en tête, le style de décoration, l'esprit de l'accueil qu'elle veut proposer. Quand je rencontre Laeticia lors d'un de mes séminaires *Wake Up*, elle approche de ses cinquante ans et son rêve est encore à l'état de grande idée. Elle se rattache à ce rêve pour donner du sens à sa vie, mais le temps passe et elle prend soudain conscience qu'elle ne peut plus en rester là.

Pendant le séminaire, Laeticia ressent un électrochoc. Elle comprend qu'elle vit sa vie par procuration en gardant ce rêve à l'état d'idée et de projet. Elle prend conscience qu'elle doit faire un choix important et déterminant : soit elle commence à poser des actes à la hauteur de son projet (et arrête de le reporter), soit elle l'abandonne et choisit un autre projet sur lequel elle se sent prête à avoir l'audace d'avancer. Elle refuse de se retrouver à un nouveau dîner sans avoir fait quelque chose de concret. Elle voit le comique et le dramatique de la situation et décide que cela ne peut plus durer.

Laeticia prend conscience qu'elle n'envisage pas d'abandonner ce projet qui a pris une réelle place dans sa vie. Elle décide alors de changer la trajectoire de sa vie.

Quelques semaines plus tard, je fais le point avec elle. Suite à une conversation avec son mari, un business plan bien ficelé (grâce à ses compétences en finance) et un rendez-vous avec le banquier, Laeticia sait maintenant que le premier obstacle à surmonter est un gros besoin de trésorerie pour permettre la viabilité de son projet.

Laeticia a alors l'audace de mettre leur appartement en vente et d'emménager dans leur petite maison de campagne que son mari s'est engagé à retaper pour la revendre avant le grand départ. Elle garde son travail encore quelque temps et fait les trajets jusqu'au jour où ils pourront enfin voler de leurs propres ailes avec suffisamment d'argent en poche pour mener à bien leur projet.

Pour vivre notre vie pleinement réveillés, nous devons oser poser des actes à la hauteur de notre ambition. Ces actes ne sont pas toujours faciles et peuvent parfois nous sembler trop engageants. Nous pouvons parfois vouloir les limiter sous prétexte que nous devons rester raisonnables et ne pas prendre de risques démesurés. Le vrai risque que nous devons évaluer est surtout le risque de passer à côté de notre vie, le risque d'avoir vécu à moitié endormis dominés par nos peurs, le risque d'avoir abandonné nos rêves avant même d'avoir essayé de les rendre réels.

Évidemment, je ne cherche absolument pas à vous inciter à tout plaquer dans votre vie. Comme Laeticia, vous pouvez rendre votre projet raisonnable en avançant pas à pas et voir ensuite ce qui va se passer. Nous pouvons commencer à explorer notre rêve, non pas dans notre tête mais dans le concret de nos actions. Nous pouvons commencer à construire notre rêve en nous gardant la possibilité de faire demi-tour.

Ce qui est important, c'est de sortir de l'impasse où nous reportons constamment nos projets à plus tard, un jour, et finalement jamais.

En revanche, si vous constatez que vous n'êtes pas capable de poser des actes à la hauteur de vos ambitions ou de vos projets, alors je voudrais vraiment que vous preniez conscience que rien ne sert de culpabiliser. Peut-être est-il préférable de tout simplement changer de rêve et d'en choisir un avec lequel vous vous sentez prêt à avancer aujourd'hui, car ce qui nous coûte et nous fait souffrir c'est de garder un rêve avec lequel nous sommes incapables d'avancer. Dans ce cas, il vaut mieux en effet changer de rêve et en trouver un que nous nous sentons capables de mettre au cœur de notre vie. Si l'idée d'abandonner votre rêve vous fend le cœur (comme monter sa chambre d'hôte comme Laeticia), alors il est urgent de passer à l'action et de faire quelque chose de différent pour avancer.

* J'ose l'imperfection

Choisir notre vocation ou notre mission est en fait la partie la plus facile ! Ce qui est plus difficile, c'est de garder le cap au quotidien dans nos actions et de parvenir à vivre pleinement notre vocation.

« Attendre d'en savoir assez pour agir en toute lumière, c'est se condamner à l'inaction. »

Jean Rostand

J'ai pu remarquer au cours de mes nombreux séminaires *Wake Up*, que ce qui nous empêche d'avancer, c'est notre légitimité. On se dit : « Qui suis-je pour oser prétendre que je peux faire ceci ? » On se dit qu'on manque de crédibilité. On a peur de ce que les autres vont penser. On pense qu'on n'est pas capable, qu'on ne va pas y arriver. On pense qu'on doit encore apprendre des choses, obtenir un diplôme. On a peur de se tromper, on aimerait bien avoir la garantie d'un plan détaillé qui nous permettrait de tout prévoir et de tout anticiper. On rêve de trouver quelqu'un qui va nous guider et nous dire exactement ce que nous devons faire. Bref, on est en pleine crise de légitimité car nous avons trop l'habitude d'être dirigés, managés et pris en charge. Et quand il s'agit de voler de nos propres ailes, nous nous retrouvons à être constamment en train de « nous préparer ».

Aujourd'hui, je voudrais vous inviter à partir en quête d'imperfection. Car si parfois vous avez besoin de vous former ou de suivre un cours pour acquérir de nouvelles compétences, les apprentissages les plus importants, vous ne pourrez les apprendre que sur le terrain. C'est uniquement en osant aller de l'avant avec toutes vos imperfections que vous pourrez réellement progresser et affiner vos grandes idées.

J'ai moi-même beaucoup appris sur ce sujet. J'ai compris que, pour vivre ma vie pleinement réveillée, je devais être prête à faire des choses non finies et imparfaites. Je devais être prête à ce qu'on se moque de moi et même à ce qu'on ne comprenne pas ce que je suis en train de faire. Je sais maintenant que c'est par l'erreur et le rejet que je peux affiner et repositionner mes idées pour que mes actions aient plus d'impact. Je sais maintenant que rien de ce que je peux apprendre sur le terrain ne pourra m'être enseigné en théorie. Quand on se plante, on peut tirer des leçons, se relever pour mieux recommencer, s'ajuster et finalement « briller ».

Je me souviendrai toujours des premières semaines après avoir ouvert mon blog « J'arrête de râler ». Sur ce blog, je postais des

« Il meurt lentement/celui qui devient l'esclave de l'habitude/(…) celui qui ne prend pas de risques/pour réaliser ses rêves. »

Pablo Neruda

vidéos dans lesquelles je racontais les journées du challenge que je m'étais lancé à moi-même : ne pas râler pendant 21 jours consécutifs. Je filmais mes vidéos sur mon ordinateur, le soir sous un éclairage douteux et avec un message parfois cafouillant et hésitant. Comme le titre du blog était percutant et mon approche innovante, les visiteurs du blog venaient de plus en plus nombreux et certains d'entre eux ne se privaient pas pour m'envoyer des commentaires désagréables sur mes propos ou sur les fautes d'orthographe que j'avais laissées passer dans mes messages. Je ne peux pas vous dire le nombre de fois où des personnes proches et moins proches ont mis en doute ma démarche. Certains trouvaient mon idée « mignonne », « naïve » et un peu déconnectée de la réalité ; d'autres, carrément, affirmaient qu'ils n'y voyaient aucun intérêt.

Mais ce qui comptait, c'était que ce sujet était important pour moi, il me faisait vibrer et je me sentais appelée à partager mon chemin et mes réflexions avec ceux qui seraient ouverts et intéressés. Alors j'ai choisi de ne pas vaciller et de ne pas m'arrêter. J'ai tiré les leçons de mes erreurs. J'ai notamment fait plus attention à mon orthographe car je comprenais que c'était important, et j'ai surtout mis mon attention sur mes supporters plutôt que sur mes détracteurs, sur les personnes qui, elles, m'encourageaient et me donnaient du feedback qui vraiment m'aidait à m'améliorer. Je faisais d'abord ce challenge pour moi-même et ma seule ambition était de témoigner pour ceux qui souhaitaient me lire et m'écouter. Je me suis recentrée sur la mission que je m'étais donnée et j'ai laissé mon cœur me guider pour avancer de manière imparfaite.

Quand j'ai pris conscience que les lecteurs venaient de plus en plus nombreux, j'ai compris que je devais aller jusqu'au bout de mon challenge, pour moi et pour ce que cela pouvait apporter aux autres.

L'histoire mon blog et de mon livre peux sembler « royale » et « merveilleuse » sur le papier mais, derrière le rideau, j'ai dû moi aussi lutter avec moi-même et tout faire pour continuer à avancer. J'ai dû apprendre à ne pas écouter mes démons et mes détracteurs, et oser faire des petits pas imparfaits tous les jours.

Ce qui nous empêche de poser des actes à la hauteur de nos grandes idées se situe entre notre ego et notre peur. Nous avons peur de l'opinion des autres et nous aimerions pouvoir ne jamais nous tromper. Le problème avec cela est que le seul moyen de ne pas faire d'erreur est de ne rien faire. Et quand on ne fait rien, alors on devient spectateur de sa vie, on la laisse défiler et on suit le flot que les autres nous ont imposé. On se retrouve râleur et accusateur et on néglige notre pouvoir créateur.

Nous sommes destinés à faire des erreurs, à nous planter, à viser à côté ! Finalement ce qui est important, c'est d'avancer en tirant les leçons de nos erreurs. Dans chacune de nos erreurs repose le trésor d'une leçon pour aller plus loin. C'est quand l'échec ne conduit à aucune remise en question qu'on se retrouve à stagner et à tourner en rond.

L'échec est d'ailleurs au cœur du progrès scientifique. On connaît la fameuse thèse de Bachelard, dans *La Formation de l'esprit scientifique* qui dit : « Le progrès scientifique n'est qu'une suite d'erreurs rectifiées. » De fait, une erreur rectifiée vaut mieux que l'absence d'erreur et on ne progresse qu'en se corrigeant.

« Une personne qui n'a jamais commis d'erreurs n'a jamais innové. »

Albert Einstein

Einstein, lui aussi, le dit si bien dans la formule suivante : « Une infinité de succès ne suffira jamais à me prouver que j'ai raison, tandis qu'un seul échec expérimental suffit à me prouver que j'ai tort. » C'est surtout de nos erreurs que nous pouvons apprendre. Nos erreurs ont une valeur corrective.

Il paraît que Thomas Edison a dû faire plus de 10 000 essais et essuyer autant d'échecs avant d'inventer l'ampoule. Il paraît même que quelqu'un lui aurait demandé comment il se sentait de s'être

> « L'imperfection est belle, la folie est de l'ordre du génie et il est préférable d'être absolument ridicule qu'absolument ennuyeux. »
>
> **MARILYN MONROE**

planté 10 000 fois, et il aurait répondu : « Je ne me suis pas trompé, j'ai trouvé 10 000 manières qui ne marchent pas. »

Finalement, il est urgent que nous comprenions que si on veut toujours réussir tout, on s'empêche de créer ses vrais succès. Le souci de perfection nous empêche d'accéder à la richesse de nos vies.

Je vous recommande à ce sujet de lire le livre de Tal Ben Shar *Éloge de l'imperfection* (voir Bibliographie p. 223). Dans cet ouvrage, il nous dit qu'apprendre l'imperfection, c'est apprendre à être humain et que donner le meilleur de soi-même est le contraire du souci de perfection.

Finalement ce qui est important, c'est en effet de donner le meilleur de soi-même. En effet être imparfait ne veut pas dire faire quelque chose de médiocre qui n'est pas à la hauteur de ce dont nous sommes capables. Oser être imparfait, c'est faire du mieux que nous pouvons avec les moyens que nous avons aujourd'hui. Quand j'ai fait mes vidéos dans ma chambre, j'aurais pu en effet prendre le temps d'installer un studio d'enregistrement dans mon bureau et peaufiner l'éclairage, ma tenue et mon maquillage avant d'enregistrer. Mais à vouloir qu'elles soient parfaites, j'aurais pris le risque de perdre l'authenticité de mon témoignage, et surtout je n'aurais sûrement pas pu aller au bout de ce projet car cela n'aurait pas pu coller avec mon quotidien de maman surbookée. J'ai alors choisi de montrer une image imparfaite mais de me concentrer à parler avec mon cœur et mon âme devant la caméra. Quelques années plus tard, c'est finalement cette imperfection et cette authenticité qui a marqué les esprits et qui a fait le succès de ce projet.

J'ai fait le choix d'activer ma brillance imparfaite avec les moyens que j'avais à ma disposition à ce moment-là car je ne voulais pas reporter à plus tard. J'ai cherché à poser la meilleure action imparfaite que je pouvais poser dans l'instant présent. Si nous attendons que les conditions soient les meilleures, nous sommes alors coincés dans notre perfectionnisme qui nous empêche d'aller sur le terrain de jeu de notre vie.

L'idée finalement serait peut-être de nous planter encore plus pour partir en quête de nos erreurs car ce sont elles qui nous font progresser. Ce sont elles qui nous permettent de nous remettre en question. Tout ce que nous avons à faire, c'est de réessayer, pas besoin de nous culpabiliser.

On m'a récemment raconté l'histoire d'un employé d'IBM qui, suite à une erreur, a fait perdre à son service dix millions de dollars. Peu de temps après, il reçoit au bureau un message de Tom Watson, le fondateur d'IBM, qui le convoque pour un entretien le lundi suivant. L'employé aurait passé un week-end affreux, certain qu'il allait se faire démolir et choisit finalement de donner sa démission. À sa grande surprise, Tom Watson lui aurait répondu : « Mais vous n'y pensez pas, nous venons de dépenser dix millions de dollars à vous former. »

Ce grand patron comprenait la valeur des erreurs et savait que son employé venait d'apprendre la leçon de sa vie. Cela aurait été du vrai gâchis de s'en séparer !

Source : http://www.greatleadershipbydan.com

Finalement, le seul vrai échec que nous pourrions vivre serait celui de ne pas participer à la vie. Tant que nous sommes sur le terrain de jeu de la vie en train d'apprendre et de progresser, nous sommes gagnants ! Vous ne pensez pas ?

FAITES VOTRE CHEMIN !

Je sais bien que beaucoup d'entre vous doivent se sentir désormais impatients et peut-être fébriles à l'idée d'avancer sur cette nouvelle voie que je vous propose. Je voudrais dans cette partie vous donner quelques pistes pour vous aider à avoir une vision plus claire de comment tout cela peut s'intégrer dans votre vie. Il faut que vous compreniez que ce qui est important, c'est que vous avanciez à votre rythme. Ce n'est pas la grandeur de votre mission ou l'audace de vos actes qui fera la plus grande différence. Ce qui compte, c'est votre engagement à avancer avec consistance pas à pas sur ce chemin.

Certains d'entre vous sont prêts à faire de grandes choses et d'autres sont encore trop fragiles et vont avoir besoin d'avancer plus doucement. Surtout ne vous jugez pas. Tout est parfait. Chaque jour, en alignant vos actes avec ce qui vous fait vibrer, vous allez petit à petit prendre de plus en plus confiance en vous et accéder progressivement à votre brillance et votre puissance intérieure.

* Choisissez une mission qui vous dépasse

Ma mission à moi est d'aider les gens à mettre leur travail au service de leur épanouissement et ainsi permettre à des gens ordinaires de se créer une vie (extra)ordinaire.

Parmi les hommes et les femmes que j'ai pu accompagner dans le cadre de mon activité de coaching, voici quelques exemples de missions que j'ai pu voir naître :

- Emmanuel s'est donné pour mission d'aider les entreprises, les mécènes et les philanthropes à contribuer à des projets locaux ayant un impact positif sur la communauté.

« Le chemin de la réussite est de doubler votre taux d'erreur. »

Thomas J. Watson

- Laurence aide les professionnels à développer une image personnelle qui leur colle à la peau pour qu'ils puissent avoir confiance en eux dans leurs rencontres et ainsi développer leur carrière.
- Hélène a choisi de contribuer à plus de bienveillance envers les nourrissons.
- Anna a choisi de contribuer à rendre l'alimentation plus saine et bio dans les cantines.
- Patrice a choisi pour mission d'aider les musiciens amateurs à partager leur musique avec leur communauté au quotidien et qu'ainsi la Fête de la Musique ne soit pas un événement uniquement annuel.
- Nathalie travaille à transformer le rapport à l'argent et à la réussite des Français. Elle a écrit plusieurs livres à ce sujet dont *Oser devenir riche : objectif abondance !* (voir Bibliographie p. 223).

Pour vous aider à identifier votre propre mission, voici quelques questions pertinentes qui, je le pense, peuvent vous aider.

Prenez le temps de noter dans votre *Carnet de pépites* vos réponses et assurez-vous que celles-ci vous fassent vraiment vibrer.

Il ne s'agit en aucun cas de choisir une cause que vous « devriez » défendre mais plutôt celle dans laquelle vous vous sentez prêt à vous lancer corps et âme !

POUR FAIRE REMONTER VOS PÉPITES

Répondez aux questions qui vous parlent le plus, dans l'ordre ou dans le désordre. Ces questions viennent vous titiller selon différents angles pour « provoquer » un travail d'introspection et faire remonter vos pépites.

> Étape n° 1 : Identifier une cause qui vous fend le cœur et pour laquelle vous voulez agir

Question 1 : Commencez par compléter la phrase suivante : « Quand je vois – une situation que vous observez autour de vous –, cela me rend dingue (voire vraiment triste) ! » Attention à bien identifier le plus précisément possible une cause pour laquelle vous vous sentez appelé à agir.

Par exemple :

- Quand je vois des entrepreneurs qui jouent « petit » par peur de se planter, cela me rend dingue !
- Quand je vois des gens arriver le lundi matin au boulot et attendre avec impatience le vendredi pour revivre, cela me rend dingue !
- Quand je vois la qualité des vêtements dans les magasins, cela me rend dingue !
- Quand je vois la quantité de déchets que nous générons toutes les semaines, cela me rend dingue !
- Quand je vois tout le monde « se plaindre » autour de moi, cela me rend dingue !

Question 2 : Demandez-vous quelle contribution vous souhaitez apporter à cette situation et quel problème vous souhaitez résoudre.

Par exemple :

- Je souhaite transmettre aux entrepreneurs des stratégies pour qu'ils osent voir grand.
- Je souhaite aider les professionnels à combiner travail et épanouissement.

- Je souhaite permettre aux personnes qui ont été victimes d'une catastrophe de recevoir du soutien jusqu'au bout.
- Je souhaite permettre aux parents de savourer leur vie quotidienne avec leur nourrisson.
- Je souhaite qu'il soit possible de faire fabriquer en Chine sans pour autant devoir faire un compromis sur la qualité et l'impact environnemental et social.
- Je souhaite permettre aux enfants de savoir qu'ils sont tout à fait capables d'apprendre sans en « baver ».
- Je souhaite mettre sur le devant de la scène les efforts de chacun pour insuffler plus de reconnaissance et de joie dans le quotidien.

Question 3 : Interrogez-vous et demandez-vous ce qui vous fascine le plus concernant le monde en général et les gens en particulier.

Par exemple :

- Ce qui me fascine, c'est que nous n'utilisons qu'une infime partie de nos capacités cérébrales.
- Ce qui me fascine, c'est le profond désir de chacun de faire de son mieux (même si ce n'est pas toujours reconnu).
- Ce qui me fascine, c'est que nous sommes capables d'être extrêmement brillants seulement si nous nous en donnons la permission.
- Ce qui me fascine, c'est qu'en cuisinant autrement on peut servir à manger bio sans pour autant augmenter le budget des collectivités.

Question 4 : Si vous aviez le pouvoir d'être entendu – des hommes, des femmes, des enfants, des politiciens, des hommes d'affaire, des membres du clergé, des enseignants, etc. – imaginez que la prise de parole en public soit une de vos forces, à qui parleriez-vous ?

Imaginez qu'on vous donne un micro et une salle comble de personnes à convaincre, quel serait votre message ?

Question 5 : Si vous pouviez laisser une empreinte sur cette terre – votre pierre à l'édifice – quelle serait-elle ? Imaginez que vous avez quatre-vingt-dix ans et que vous racontez à vos petits-enfants la contribution que vous avez cherché à apporter dans votre vie.

Question 6 : En utilisant vos talents, comment pourriez-vous servir et contribuer au monde ? En quoi vos talents peuvent être particulièrement pertinents pour contribuer à cette cause ?

Attention de ne pas laisser votre petite voix rabat-joie qui vous tire vers le bas vous limiter dans votre réponse !

> Étape n° 2 : Formulez votre mission sachant qu'une mission est avant tout une action. C'est ce que vous faites.

1 Pour cela choisissez un à trois verbes qui semblent le mieux correspondre à ce que vous voulez faire. Voici une liste non limitative pour vous aider.

Accompagner
Accroître
Adapter
Agir sur
Aider
Améliorer
Arrêter
Autoriser
Bâtir
Choisir
Communiquer
Concevoir
Conseiller
Convaincre
Constituer
Créer
Découvrir
Démontrer
Déterminer
Développer
Diagnostiquer
Dialoguer
Élaborer
Éliminer
Encourager
Engager
Éradiquer
Établir
Entreprendre
Exprimer
Fixer
Fonder
Former
Formuler
Gérer
Guider
Identifier
Inculquer
Influencer
Informer
Innover
Inspirer
Légitimer
Limiter
Matérialiser
Maximiser
Mener
Minimiser
Motiver
Négocier
Opérer
Organiser
Partager
Permettre
Piloter
Proposer
Réduire
Résoudre
Recommander
Sélectionner
Soutenir
Stimuler
Structurer
Superviser
Transmettre
Valider

Note : votre mission peut être l'action elle-même ou le fait d'aider un groupe de personnes à faire cette action. Par exemple : « Je souhaite me lancer dans la mission d'aider les parents à inculquer. »

2 Demandez-vous QUI vous souhaitez aider dans votre mission. Définissez en quelques mots les personnes que vous voulez soutenir : les parents, les enfants, les sans-abri, les salariés de votre entreprise, vos voisins, les restaurateurs, les agriculteurs, les professionnels du bâtiment, les enfants, les adolescents, les jeunes diplômés, les retraités, les femmes entrepreneurs, les futurs leaders, les consultants, les professionnels ambitieux, les églises, les pauvres, les handicapés, les artistes, les athlètes, les commerciaux, les ours, les chiens, les océans, etc.

Cherchez à être le plus précis possible pour nommer la catégorie de personnes qui bénéficiera le plus de votre aide.

Par exemple :

- Les parents ayant un enfant de moins de 24 mois.
- Les entrepreneurs ayant une entreprise de services.
- Les personnes venant de vendre leur entreprise et qui souhaitent devenir mécènes.
- Les habitants de ma ville vivant avec le Smic.
- Les salariés travaillant dans la même entreprise que moi.
- Les personnes âgées dans ma famille.

3 En vous inspirant des réponses que vous avez apportées aux questions précédentes, formulez votre mission ainsi :

Ma mission de vie est de (verbe d'action) + (les personnes que vous voulez aider) + (votre contribution).

Par exemple :

- Ma mission est d'inspirer et d'accompagner les hommes et les femmes ordinaires à vivre une vie (extra)ordinaire grâce à la force de leur talent.

- Ma mission est d'aider les personnes qui ne peuvent plus vivre dans le chaos à organiser leur vie et trouver la source de leur désordre pour qu'il ne revienne jamais.
- Ma mission est d'aider les hommes et les femmes à devenir le parent et le conjoint qu'ils ont vraiment envie d'être.
- Ma mission est d'identifier, nommer et remercier les efforts de toutes les personnes que je croise dans ma journée et d'inspirer les autres à en faire autant.
- Ma mission est de distribuer au moins dix câlins par jour aux personnes que je croise dans ma journée afin d'apporter plus de tendresse à ma communauté.
- Ma mission est de permettre aux citoyens d'adopter des ruches pour permettre aux apiculteurs de faire leur travail et aux abeilles de ne pas disparaître.
- Ma mission est de garantir que tous les sans-abri de mon village puissent avoir un repas tous les jours.
- Ma mission est d'aider les entreprises qui veulent allier pouvoir et innovation à avoir un impact positif et durable sur la société de demain.
- Ma mission est d'aider les citadins à ne plus subir le stress de leur mode de vie.

Bravo ! Je sais que ce n'est pas facile du tout de prendre le temps de mettre sur papier ce genre de choses. Les questions que je viens de vous poser et auxquelles vous avez pris le temps de répondre sont sûrement des questions que vous ne vous êtes jamais vraiment posées auparavant. Et je sais à quel point cela peut ne pas être évident d'y apporter vos réponses dans un premier temps. Pourtant je peux vous assurer que prendre le temps de mettre sur papier et en mots votre désir de contribution est d'une valeur inestimable.

À vous maintenant d'écrire votre mission sur un beau papier et de l'afficher partout autour du vous ! Dans votre bureau, dans votre salle de bains sur le pare-soleil de votre voiture, sur votre fond d'écran, dans votre téléphone. Cela vous permettra de ne pas perdre de vue et d'oublier cette belle intention et magnifique opportunité que vous avez pu identifier.

Je me souviens comme si c'était hier des premiers pas de ma fille Alice (qui a aujourd'hui onze ans), sûrement aussi parce que nous les avons filmés et que nous les regardons en rigolant avec tendresse régulièrement !

Le jour de ses premiers pas, Alice nous a donné une belle leçon de vie (eh oui, ce sont les enfants les professeurs de la vie, et nous les adultes qui sommes les élèves !).

Quand Alice a fait ses premiers pas, elle s'est levée, elle s'est lancée avec courage et détermination et au bout d'un demi-pas, elle est tombée ! Elle s'est littéralement ratatinée par terre. Pensez-vous qu'à ce moment-là elle se soit dit : « Oh non, c'est trop dur, je ne vais jamais y arriver, je ferais peut-être mieux de rester à quatre pattes. Je risque de me faire trop mal si je continue. » Non évidemment, Alice comme tous les enfants du monde d'ailleurs s'est relevée après sa chute et a essayé à nouveau parce qu'elle savait que marcher debout était sa destinée. Alice s'est relevée, elle s'est lancée une deuxième fois et évidemment… elle est tombée à nouveau. Pensez-vous qu'à ce moment-là encore, alors qu'elle avait le nez sur la moquette, elle se soit dit : « Oh grrr ! Je suis vraiment nulle, je ne vais jamais y arriver ! » Non, Alice s'est relevée et a recommencé. À sa troisième chute, elle aurait pu se dire : « Je ne dois pas être faite pour cela, je devrais sûrement tout laisser tomber ! » Non, Alice a fait une petite pause allongée sur le sol pour se reposer et elle s'est relevée pour tenter à nouveau sa chance.

Alice est tombée au moins un vingtaine de fois (preuve vidéo à l'appui !). Elle a dû littéralement essayer pendant plus d'une heure sans répit avant d'y arriver. Elle était épuisée mais gardait le sourire. Régulièrement elle faisait des pauses à plat sur le sol pour souffler un peu. Nous étions tous autour d'elle à l'encourager et à observer sous le charme ce petit être plein de détermination qui ne laissait pas ses chutes altérer sa motivation.

Ce qui a pu donner autant de force à Alice, c'est qu'elle était en train de suivre sa destinée d'être humain. L'observer avec cette détermination m'a amené à me poser la question : « Et moi, quelle est ma destinée ? Quelle est cette chose que je veux accomplir au point que je saurais me relever de mes échecs ? »

Selon Peter Kramer, psychologue et auteur du livre *Against depression* (voir Bibliographie p. 223), le contraire de la dépression, ce n'est pas le bonheur mais c'est la résilience. La résilience c'est notre capacité à nous relever après être tombé. Notre capacité à ne pas prendre personnellement ce qui nous arrive et à tirer les leçons de nos échecs pour poursuivre notre chemin.

« Tombe sept fois, relève-toi huit fois. »

Proverbe japonais

Formuler notre mission est un point déterminant pour donner une direction à notre destinée. Pour nous permettre de redevenir cet enfant qui n'a pas peur de tomber et de se relever pour avancer dans notre vie, la tête haute et sur nos deux pieds bien ancrés.

Mais attention, notre mission c'est un peu notre destination ! C'est cette chose vers quoi on tend. Car au final rien ne se passe si on ne passe pas à l'action. Pour cela, j'ai appris qu'il est important de se fixer des objectifs très concrets et tangibles pour faire de cette mission une réalité.

Allez hop, c'est parti ! Lisez la suite pour découvrir comment vous fixer des objectifs qui vous permettront de vous créer la vie que vous voulez vraiment !

* Fixez-vous des objectifs à la hauteur de vos ambitions

Dans la vie, nous avons tous des hauts et des bas et c'est normal. Parfois nous arrivons à avancer sur les projets qui nous tiennent à cœur, et parfois tout ce que nous arrivons à faire, c'est gérer plus ou moins sereinement ce qui vient à nous. Nous avons aussi des moments où nous sommes envahis par nos peurs, nos doutes, nos limites et nos manques. Des moments où nous « faisons aller » et des moments où nous nous sentons débordés par toutes ces choses urgentes que nous avons à faire et avons franchement l'impression d'être comme un hamster dans sa roue qui court toute la journée mais qui ne va nulle part !

Je suis sûre que certains d'entre vous hochent la tête et se reconnaissent dans cette description. Je suis passée par là moi aussi et suis constamment en train d'essayer d'éviter de me retrouver dans cette situation (et c'est une lutte constante, je vous assure, mais quelle satisfaction quand on y arrive !).

Comment réussir à prendre le bon rythme et à avancer sur les choses qu'on choisit vraiment dans sa vie ? Comment trouver le temps de prendre notre vie en main ? Comment arrêter de remplir nos journées de choses qui n'ont pas vraiment de « sens » à nos yeux ? Je dis souvent que finalement on peut perdre beaucoup de temps à être occupé ! Et d'ailleurs, le fait d'être débordé est parfois notre meilleure excuse pour ne pas prendre les grandes décisions que nous avons besoin de prendre pour prendre notre vie en main.

Comment arrêter d'essayer de rattraper le temps qui passe trop vite ? Et comment réussir à activer pleinement le potentiel de notre journée, de notre vie ? Comment réussir à faire en sorte de générer de belles choses, plutôt que de laisser les choses nous arriver sans que nous puissions les choisir ? Comment faire en sorte que nos journées soient plus remplies par notre mission que par nos problèmes (quitte à rencontrer de vrais bons problèmes sur le chemin de notre destinée !) ?

Pour cela, je vous propose de mettre votre attention sur les actes qui vont vraiment donner forme à la vie que vous avez envie de vivre.

Ce que je vous propose pour y arriver est de prendre le temps de vous définir des objectifs à la hauteur de la vie que vous voulez vous créer pour vous-même. Ces objectifs auront pour rôle de donner vie à votre mission mais aussi de vous donner la permission de vous créer une vie équilibrée, épique, riche, sereine et joyeuse.

Prendre le temps d'identifier les choses importantes que je veux vraiment mettre au centre de ma vie pour mon équilibre et pour sentir que je me réalise et que je m'épanouis, m'a permis d'éviter que les choses urgentes ne prennent toute la place.

Pour vivre ma vie pleinement réveillée, j'ai appris à me fixer ce que j'appelle des objectifs de folie ! Ces objectifs de folie sont ceux qui me réjouissent profondément, qui me poussent à sortir de ma zone de confort et à prendre ma vie en main.

Pour réussir à vraiment me fixer des objectifs qui soient mes objectifs et non pas ce que je pensais que je « devais » faire pour être « quelqu'un de bien », ou ce que je pensais que les autres attendaient de moi, j'ai dû accepter de faire cet exercice (que je vais vous proposer maintenant) en arrêtant de m'inquiéter de ce qu'allaient penser les autres. J'ai même dû apprendre à ne pas écouter la petite voix rabat-joie qui soufflait à mon oreille : « n'importe quoi ! » dès que j'osais rêver un peu ou voir aussi grand que mon potentiel.

Je voudrais vous inviter à changer de perspective. Et si cette voix qui vous dit « n'importe quoi », plutôt que d'être une voix bloquante, devenait finalement un indicateur que vous êtes sur le bon chemin de l'audace pour transformer votre quotidien ordinaire en une réalité (extra)ordinaire ? Si cette voix est apparue, c'est peut-être que vous êtes en train d'oser et de sortir de votre zone de confort. Vous êtes en train d'arrêter de vivre à moitié endormi et de vous réveiller à la richesse de votre propre vie.

En faisant l'exercice ci-après, je voudrais vous inviter à vous fixer au moins deux ou trois objectifs tellement fous que le « n'importe quoi ! » qui sera déclenché deviendra votre repère. Osez rêver, osez voir grand, osez écrire noir sur blanc ce que vous voulez vraiment. Poussez la limite de ce que vous croyez possible jusqu'à entendre ce « n'importe quoi ! » dans votre tête. Si le « n'importe quoi ! » est là, c'est que vous avez vu assez grand. S'il n'est pas là, c'est que peut-être vous êtes encore trop coincé dans votre zone de confort !

Avant de commencer, je voudrais partager avec vous un texte célèbre (que vous connaissez peut-être déjà). Lisez-le et retrouvons-nous ensuite pour l'exercice.

Histoire des gros cailloux

Un jour, un professeur en charge de former ses élèves à la gestion du temps décida de réaliser une expérience. De dessous la table qui le séparait de ses élèves, il sortit un grand vase qu'il posa délicatement en face de lui. Ensuite, il sortit plusieurs gros cailloux et les plaça, un par un, dans le vase. Lorsque le réceptacle fut rempli jusqu'au bord et qu'il fut impossible d'y ajouter une pierre supplémentaire, il leva les yeux vers ses élèves et leur demanda : « Est-ce que ce vase est plein ? » Tous répondirent par l'affirmative. Il attendit quelques secondes et ajouta : « Vraiment ? » Alors, il se pencha de nouveau et sortit de sous la table un récipient rempli de graviers. Doucement, il versa des graviers sur les gros cailloux, puis secoua légèrement le vase. Les graviers s'infiltrèrent entre les cailloux jusqu'au fond du vase. Le professeur s'adressa à nouveau à son auditoire et réitéra sa question : « Est-ce que ce vase est plein ? » Ses élèves commençaient à comprendre son manège. L'un deux répondit : « Probablement pas ! » « Bien ! », répondit le professeur. Il se pencha encore et, cette fois, sortit de sous la table un sac de sable. Avec attention, il versa le sac dans le vase. Le sable alla remplir les espaces entre les gros cailloux et le gravier. Encore une fois, il demanda : « Est-ce que ce vase est plein ? » Cette fois, sans hésiter et en chœur, les élèves attentifs répondirent : « Non ! » « Bien ! », félicita le professeur. Il saisit le pichet d'eau qui était posé sur la table, et remplit le vase jusqu'à ras bord. Il se tourna alors vers le groupe et demanda : « Quelle grande vérité nous démontre cette expérience ? » Un élève audacieux, songeant au sujet du cours, répondit : « Cela démontre que même lorsqu'on croit que notre agenda est complètement rempli, si on le veut vraiment, on peut y ajouter plus de rendez-vous, plus de choses à faire. – Non, répondit le professeur. Ce n'est pas cela. La grande vérité que nous démontre cette expérience est la suivante : si on ne met pas les gros cailloux en premier dans le pot, on ne pourra jamais faire entrer le reste, ensuite. » Il y eut un profond silence, chacun prenant conscience de l'évidence de ses propos. Le professeur demanda alors : « Et vous, quels sont les gros cailloux dans votre vie ? »

Vos gros cailloux, ce sont ces choses qui vous tiennent vraiment à cœur. Ces ingrédients qui vous permettent de vivre un quotidien riche, épanouissant et profondément satisfaisant. Vous pouvez les faire entrer dans votre vie en vous fixant des objectifs à la hauteur de vos belles ambitions.

C'est parti !

Étape 1 : Donnez-vous la permission de rêver

Vous avez précédemment réussi à formuler votre mission. Vous avez aussi sûrement autour de vous des personnes que vous aimez : votre conjoint, vos enfants, vos amis, etc. Vous avez certainement des désirs, des rêves et des projets. Dans cet exercice, je vous propose de vous bâtir une vie qui vous satisfasse sur tous ces plans. Projetez-vous douze mois plus tard. Nous sommes exactement le même jour qu'aujourd'hui mais un an plus tard. Imaginez que vous vous retourniez pour voir l'année qui vient de s'écouler, et vous ressentez un profond sentiment de fierté, d'épanouissement et de satisfaction.

Vous vous dites : « Waouh, ça c'était une année qui méritait d'être vécue, une année bien complète et vibrante sur tous les plans ! » Une année que j'ai pu vivre en étant bien réveillé !

Que s'est-il passé durant ces douze mois qui viennent de s'écouler ? Listez ci-dessous tous vos désirs/objectifs réalisés au cours de ces douze mois, petits ou grands. Attention de ne pas vous censurer. Laissez-vous aller et notez tout ! Ne vous inquiétez pas, on fera ensuite un peu de tri !

Remarque : il s'agit ici de noter toutes ces choses qui vous semblent « justes » (même si certaines idées vous semblent dingues et impossibles), les choses à propos desquelles vous vous dites : « Maintenant il est temps que ce genre de choses m'arrive ! »

Voici quelques exemples qui ont pu être sur ma liste lorsque j'ai fait cet exercice il y a quelques années :

- Faire un voyage de hors France et des États-Unis en amoureux avec mon mari. Cela faisait dix ans que toutes nos économies partaient dans nos vols LA-Paris pour voir la famille en été ! Il était temps pour nous deux de faire un vrai voyage de découvertes ! Au moment où je notais cela sur ma liste, je me disais : « N'importe quoi ! » Je n'avais en effet absolument pas les moyens de financer le retour familial en France de l'été plus un voyage en amoureux !
- Sortir avec mon mari deux fois par mois. Nous avions tellement travaillé ces dernières années, et les enfants étaient enfin un peu plus grands, il était temps que nous prenions un peu plus de temps ensemble pour nous amuser, nous séduire et nous reconnecter en tant qu'homme et femme, et non pas seulement en tant que parents de nos enfants. Une fois de plus à cette époque, nous n'avions pas les moyens de financer la baby-sitter deux fois par mois, mais pourtant cela me semblait « juste » et « important » à ce moment de notre vie.
- Engager une femme de ménage deux fois par mois. C'était n'importe quoi ! Déjà une fois par mois, je trouvais cela cher et pourtant, je sentais bien qu'une femme de ménage apporterait

plus de paix à la maison. Je me disais que vu mon investissement dans mon travail ces derniers temps, c'était une illusion de croire que je pouvais en plus tenir ma maison !

- Publier un livre et partager mon message à la télévision. Alors là, cet objectif était mon plus gros délire ! J'avais pour mission de transformer les états d'esprit mais qui étais-je pour prétendre que je pouvais écrire un livre, que j'avais quoi que ce soit de valeur à raconter, et surtout, que quelqu'un pourrait trouver mon message pertinent alors que d'autres l'avaient sûrement déjà écrit mieux que moi avant ! Et pourtant, j'avais l'impression d'être « enceinte » d'un livre. Il allait bien falloir que j'accouche un jour !

- Engager une assistante. Je n'avais même pas de bureau. Allais-je prendre une assistante pour travailler sur la table de ma cuisine ? « N'importe quoi ! » et j'avais déjà du mal à générer suffisamment de revenus, alors envisager d'augmenter mes charges, c'était carrément du délire. Et pourtant, je sentais bien que j'étais sur quelque chose de puissant dans ma carrière et qu'il fallait que je me dégage de certaines choses pour travailler mieux (et non pas forcément plus !). Régulièrement je m'observais en train de faire des tâches auxquelles je n'apportais aucune valeur ajoutée (dans ma zone de compétence mais loin de ma zone de génie, voir p. 43 et suivantes). Il commençait à y avoir trop de potentiel de brillance inexploité !

- Organiser, trier et ranger mon placard de linge de maison. Rien de bien énorme ici, mais cela faisait trop longtemps que ce placard me rendait folle. Il fallait que je règle le problème pour de bon ! Si dans un an je pouvais me dire « ce truc est fait », ce serait génial !

- Danser deux à trois fois par semaine. J'avais déjà tellement peu de temps pour développer mon activité en tant que « Mampreneur » (contraction de « maman » et « entrepreneur »), mes enfants sortant de l'école à 15 heures. À l'époque, je ne trouvais le temps pour danser que le dimanche mais cela me faisait tellement de bien que je rêvais de danser plus souvent.

- Écrire une lettre à mon papa pour prendre le temps de lui dire que je l'aime ! C'est le genre de truc auquel je peux penser le soir en me couchant, sous ma douche ou en conduisant, mais c'est plus dur de prendre le temps et de passer à l'action ! Parce que c'est profondément important mais jamais urgent.

Et vous, quels sont vos désirs, tout petits ou très grands ? Faites une liste non exhaustive et assurez-vous qu'au moins un tiers de cette liste soit un peu délirant et provoque la réaction du « n'importe quoi ! », comme je vous l'ai expliqué p. 113. Vous devez en avoir au total au moins quinze !

Projetez-vous bien dans l'année à venir et notez ce qui vous semble « juste » et, même si un peu fou, adapté à la phase de vie dans laquelle vous êtes.

Pensez à lister des désirs liés à votre carrière, à votre vie amoureuse, à votre famille, à votre santé, à votre bien-être... Certains peuvent vous sembler inatteignables mais mettez-en aussi qui vous semblent tout à fait possibles (ranger mon placard, écrire une lettre...).

Étape 2 : Priorisez

Reprenez maintenant votre liste de désirs et mettez un numéro de priorité à côté de chacun. Le numéro un sera votre désir le plus important (vous seriez en effet comblé même si uniquement celui-là se réalisait dans l'année à venir), et ainsi de suite.

Au final vous garderez uniquement les douze premiers. Eh oui, les autres étaient sympas, mais ils ne seront pas votre priorité pour cette année. Ils se produiront peut-être quand même mais comme vous ne pouvez pas mettre votre attention sur tout en même temps, vous allez vous limiter à douze pour une année, c'est déjà pas mal, non ?

Assurez-vous que vos désirs/objectifs sont précis. Par exemple, « passer plus de temps avec mes enfants » n'est pas assez précis, mais « lire un livre à ma fille au moins trois fois par semaine », ça c'est précis. On doit pouvoir mesurer et valider l'objectif. On doit pouvoir clairement dire s'il est atteint ou non. Attention si lire vous ennuie, mais que ce qui vous plaît c'est de bricoler avec votre enfant, alors votre objectif pourra être « construire une voiture télécommandée avec mon fils. »

De la même manière, faire du sport n'est pas un objectif assez précis. Si je cours une fois un quart d'heure dans les douze mois à venir, j'ai fait du sport non ? Et pourtant, je ne serai pas vraiment satisfaite, et cela n'aura pas franchement contribué à me faire une année de folie ! Par contre « trouver une activité sportive dont je suis fan et que je fais avec plaisir au moins deux fois semaine », ça c'est un objectif tangible et concret. Allez, on y va, on essaie tous les cours proposés par la ville et on se découvre une nouvelle passion !

Attention, si vous n'arrivez pas à être précis, cela veut dire que vous n'êtes pas prêt à avancer sur cet objectif. Ne vous jugez pas (cela ne ferait pas avancer le schmilblick !), retirez juste cet objectif de votre liste et ajoutez-en un autre pour toujours en avoir douze à la fin.

Regardez bien votre liste de douze désirs et assurez-vous que tout ce qui est sur la liste vous fait vibrer. Retirez ce qui est de l'ordre de ce que vous pensez que vous « devez faire » ou ce que vous pensez que « les autres » attendent de vous. Nous ne sommes pas en train de faire une autre to do list ! Nous sommes en train de faire une liste de choses que vous allez avoir la formidable chance d'accomplir !

Avant de continuer cet exercice, je voudrais vous inviter à faire une pause. Regardez ce que vous venez d'écrire et fermez-les yeux ! Projetez-vous dans cette année :

- Êtes-vous excité ?
- Avez-vous envie de vous jeter dans l'aventure ou avez-vous l'impression que vous allez devoir franchir une énorme montagne et que cela va être la galère ?

Si vous êtes en souffrance, alors c'est que votre liste n'est pas bonne. Retirez les désirs qui vous vident de votre énergie et remplacez-les par des objectifs qui vous font kiffer !

Ne vous inquiétez pas trop de savoir si vos désirs sont possibles ou réalistes. Assurez-vous qu'ils sont excitants, grands et qu'ils vous semblent « justes » pour l'année à venir !

Étape 3 : Agissez « comme si »

Prenez chacun de douze désirs/objectifs et notez à côté une action concrète et tangible que vous pouvez faire dans les jours à venir pour montrer que vous êtes sérieux par rapport à votre objectif. Jouez à « comme si ».

« Ils ne savaient pas que c'était impossible, c'est pour cela qu'ils l'ont fait. »

Mark Twain

Cette étape de l'exercice est amusante et terrifiante à la fois car vous êtes confronté à votre propre capacité à transformer votre désir en réalité dès maintenant en commençant par la chose la plus puissante et significative que vous pouvez faire aujourd'hui. En partant de là où vous êtes tout de suite, avec les moyens que vous avez devant vous. Vous n'avez plus d'excuses pour reporter à demain, à plus tard. Vous commencez à agir « comme si » vous n'aviez aucun doute que votre désir devienne une réalité dans les douze mois à venir ! Vous allez agir comme si votre désir était déjà en train de devenir réalité ! Alors comment ça marche ?

Par exemple :

- En face de mon désir de partir en voyage avec mon mari, je peux noter l'action « comme si » d'acheter une carte du Sud de l'Inde et l'afficher dans mon bureau. Noter dessus le périple que je veux faire avec mon mari ! En effet même si je n'ai peut-être pas les moyens de me payer les billets aujourd'hui (et une part de moi doute que je vais les avoir dans douze mois mais bon !), je peux par contre acheter la carte car ça c'est quelque chose que je sais que je peux faire maintenant.
- Réserver la baby-sitter pour la semaine prochaine et lui dire que nous avons l'intention de la faire venir tous les quinze jours ! Oui,

j'ai un nœud dans le ventre à me dire que c'est n'importe quoi et que je n'ai pas les moyens... Mais en même temps je commence à me dire : « Que puis-je faire différemment pour avoir les moyens ? » Allez, on ose, une semaine à la fois, et on a confiance dans le fait qu'on va y arriver !

- Faire du shopping pour trouver la robe que je mettrai le jour où je passerai à la télévision ! Bon, le livre n'est pas encore publié mais on peut faire semblant et rêver un peu non ?
- Ouvrir un dossier pour y mettre toutes les tâches que je souhaite transmettre à mon assistante quand j'en aurai une ! Même si pendant plusieurs mois c'est moi qui ouvre le dossier et qui fais le travail ! Cela me permet déjà de savoir plus clairement ce que je souhaite déléguer (ce qui est souvent le premier blocage bien avant la charge financière !).

Et vous, qu'est-ce que vous pouvez faire demain (en partant de là où vous en êtes, avec les moyens que vous avez à votre disposition aujourd'hui) ? Choisir le nom de votre association ? Vous inscrire à un cours ? Appeler l'université de Harvard pour recevoir les informations sur leur MBA ? Prendre rendez-vous avec un coach de vie ? Commencer le challenge *J'arrête de râler* ? Etc.

À vous !

Mon désir/objectif	Mon action « comme si »
1.	
2.	
3.	
4.	
5.	
6.	
7.	
8.	
9.	
10	
11.	
12.	

Étape 4 : Soyez prêt à changer

Regardez votre liste ci-dessus. Fermez les yeux... Prenez une grande respiration et posez-vous la question : « Qu'est-ce que je vais devoir changer à propos de moi-même pour que la vie que je veux réaliser dans les douze mois à venir puisse devenir réalité ? »

Allez-y, faites-le, c'est important. Et surtout soyez prêt à vraiment entendre la réponse qui va émerger. Ce ne sera peut-être pas la réponse que vous espériez.

Quelle que soit la réponse, écoutez et faites les changements nécessaires.

Par exemple : peut-être que vous devez mettre fin à une relation qui ne vous convient pas et vous entourer de personnes qui vous soutiennent ? Peut-être que vous allez devoir accepter que vous ne pouvez pas fonctionner sans une certaine forme de discipline au cœur de votre vie ? Peut-être que vous allez devoir vous engager à transformer une croyance limitante ? Qu'allez-vous faire pour y arriver ? Peut-être avez-vous besoin de vous faire aider par un thérapeute, un psychologue, un coach ?

Complétez la phrase suivante : « Afin que je puisse atteindre mes objectifs de folie je vais devoir... »

Étape 5 : Choisissez des dates

Nous allons encore plus entrer dans le concret. Je vous invite maintenant à mettre une date (dans les douze prochains mois) à côté de chacun de vos désirs/objectifs pour définir quand vous souhaitez qu'il soit atteint.

Remarque : même si nous avons douze objectifs et douze mois, il n'est absolument pas nécessaire d'associer chronologiquement un objectif avec un mois différent. Vous pouvez avoir deux ou trois objectifs planifiés pour la même période.

Par exemple pour mon voyage en amoureux, je sentais bien que si cela devait se faire, il fallait que ce soit pendant l'été pour que je puisse laisser mes enfants à leurs grands-parents. Alors, à côté de cet objectif j'ai noté « juillet/août ».

Pour mon passage à la télévision, je n'avais pas de désir particulier. Si cela se produisait dans douze mois, ce serait déjà parfait ! (N'importe quoi !)

Pour mes rendez-vous en amoureux tous les quinze jours, je voulais bien mettre le paquet pour trouver des solutions au financement de la baby-sitter, mais je tenais à ce que nos rendez-vous s'inscrivent immédiatement dans notre quotidien, je notais donc le premier quinze jours plus tard !

Sachez que si vous ne réussissez pas à choisir une date, c'est peut-être un signe que vous n'êtes pas prêt à vous engager sur cet objectif spécifique. Surtout ne vous jugez pas ou ne vous forcez pas. Il est sûrement plus intéressant de tout simplement retirer cet objectif de votre liste et de le remplacer par un autre. Gardez-en toujours douze.

Étape 6 : Inscrivez vos objectifs partout !

Écrivez d'abord vos désirs/objectifs dans votre *Carnet de pépites*, puis recopiez-les partout ! Il est important que vous puissiez lire votre liste au moins trois fois par jour. Mais comme vous allez sûrement oublier (et c'est normal car vous n'avez pas que cela à faire !), la solution est de les placer à des endroits stratégiques où vous allez « tomber » dessus facilement. Vous pouvez en recopier plusieurs exemplaires et les afficher dans votre penderie, dans votre salle de bains, sur votre frigo, sur le pare-soleil de votre voiture, dans votre téléphone, en fond d'écran de votre ordinateur !

Si après quelques semaines vous ne voyez aucune évolution dans le sens de votre objectif, alors revenez à l'étape 3 et demandez-vous si vous devez changer quelque chose pour vous libérer de vos blocages intérieurs.

Étape 7 : Recommencez sans fin !

Une fois qu'un de vos objectifs est atteint, remplacez-le par un nouveau (si besoin, refaites l'étape 2 pour reprioriser votre nouvelle liste en incluant le ou les nouveaux venus) ! L'idée est de constamment avoir une liste de douze objectifs qui évolue. Douze, c'est un bon nombre pour s'assurer que tous les domaines de votre vie sont en mouvement (famille, travail, vocation, développement personnel, bien-être, santé, spiritualité...) et pour avoir une bonne variété de petits objectifs et de plus gros (parfois c'est bon de pouvoir « cocher » la réalisation d'un petit objectif, alors que les gros peuvent mettre plus de temps à prendre forme).

Histoire de Chloé

Je me souviens de Chloé, une participante à un de mes programmes de coaching pour entrepreneurs, qui lors d'une session de travail me disait : « Je ne sais pas voir grand. » En effet, Chloé se posait des limites avant même d'avoir rêvé. Elle laissait sa petite voix rabat-joie qui la tire vers le bas devenir maître de son ambition.

Elle entendait le « n'importe quoi ! » dans sa tête mais plutôt que de s'en servir comme d'un indicateur qu'elle était en effet en train de rêver grand (comme un radar indiquant « Attention, joli rêve en vue ! »), eh bien elle laissait le « n'importe quoi ! » mettre le couvercle sur ses rêves.

Elle était incapable de se projeter concrètement dans la vraie réussite telle qu'elle en rêvait secrètement car elle fermait la porte à l'élan de ses rêves. Elle avait tellement pris l'habitude de se laisser guider dans ses décisions par ce qui est raisonnable ou réaliste qu'elle avait oublié comment se connecter avec ce qui la faisait vibrer.

Si vous vous reconnaissez dans cet exemple, ne vous inquiétez pas, c'est normal. Ce qui est important, c'est de prendre conscience que croire en ses rêves, c'est aussi une question d'entraînement. Si votre « muscle du rêve » n'a pas fonctionné pendant longtemps, il sera sans doute un peu atrophié. Cela peut prendre un peu de temps, mais je peux vous assurer que si vous activez vos rêves tous les jours en commençant avec des rêves qui sont peut-être plus petits au début (comme les poids que vous soulevez à la salle de sport), vous verrez que vous progresserez rapidement.

Sachez reconnaître que si vous savez comment y arriver facilement, c'est que votre idée n'est pas assez grande. En revanche, si votre idée est assez grande, alors vous trouverez les solutions !

---

* Lancez-vous de nouveaux challenges

Ce que j'ai appris depuis quelques années, c'est à quel point j'étais tout à fait capable de me changer moi-même et surtout à quel point tout changement que je voulais voir dans le monde devait d'abord commencer par moi ! « Soyez le changement que vous voulez voir dans le monde. » Cette fameuse phrase de Gandhi est devenue mon mantra. J'ai appris qu'oser régulièrement le mettre en application sur des petites ou des grandes choses, des choses importantes mais aussi des choses un peu plus amusantes, était finalement la seule vraie manière de vivre ma vie.

Alors quand je me surprends à ruminer en boucle la même chose concernant ce que j'aimerais avoir dans ma vie ou ce que j'aimerais faire autrement, je me lance un ultimatum ! Je me dis : « Christine, soit tu acceptes qu'en ce moment tu n'en es pas là dans ce domaine de ta vie (et tu pars du principe que c'est parfait ainsi), soit si c'est important (et surtout si tu te sens prête à prendre cela en main), alors tu changes ce qui ne te convient pas et n'oublie pas que le changement commence par toi. »

« Si vous n'aimez pas quelque chose, changez-le. Si vous ne pouvez pas le changer, changez votre attitude. »

Maya Angelou

Rien ne sert de passer votre vie à ruminer des « faut que je fasse ceci », « il faudrait que j'arrive à faire cela », etc.

Combien de fois par jour pouvons-nous marteler nos manques et les ancrer dans nos vies avec des « faut que je perde mon ventre », « faut que je fasse plus de sport », « faut que je trouve le temps de méditer », « faut que j'économise plus d'argent », « faut que j'arrête d'être toujours en retard », « faut que j'arrête de passer ma vie derrière un écran », « faut que je m'amuse plus avec mes enfants », « faut que je me couche plus tôt », « faut que je me lève plus tôt », « faut que je voie plus souvent mes amis », « faut que j'arrête de manger n'importe quoi », « faut que j'apprenne l'anglais », « faut que j'essaie le yoga »...

Et combien de fois nous retrouvons-nous à juger la vie ou la société avec des « la vie va trop vite », « c'est infernal toutes ces pubs partout », « faut qu'on arrête de consommer n'importe comment », « faut qu'on génère moins de déchets », etc.

Avez-vous remarqué à quel point nous n'avons aucun souci à ruminer constamment toutes ces choses dans nos têtes, mais que nous sommes incapables de passer à l'action ? Et si parfois dans un élan d'optimisme nous commençons à prendre les choses en main, nous abandonnons souvent trop vite nos belles intentions.

Pourquoi est-ce que nous abandonnons ? Simplement parce que même si nous sommes tout à fait capables de changement, parfois nous rencontrons des résistances internes qui mettent à l'épreuve notre bonne volonté. Ces résistances internes sont liées à nos habitudes. Une grande partie de notre vie est en fait vécue en pilotage automatique et nous reproduisons encore et toujours les mêmes habitudes, que ce soit la manière dont nous mangeons, la manière dont nous organisons nos journées, la manière dont nous consommons, dont nous communiquons...

Même si nous avons la ferme intention de changer, notre cerveau revient automatiquement en terrain connu et nous ramène à nos vieux modes de fonctionnement. Ces habitudes tellement ancrées inconsciemment en nous viennent court-circuiter nos beaux projets et provoquer des résistances qui bien souvent gagnent et nous amènent à baisser les bras.

La recherche sur le cerveau nous dit qu'une habitude, c'est une connexion cérébrale. C'est une chose que nous faisons automatiquement sans vraiment avoir besoin de réfléchir, car notre cerveau est « câblé » ainsi ! Pour réussir à changer vraiment, il faut se sevrer des mauvaises habitudes (et de nos vieilles connexions cérébrales) et les remplacer par de nouvelles qui collent à nos aspirations.

La merveilleuse nouvelle, c'est qu'on peut arrêter de se sentir coupable de notre manque de bonne volonté (donc plus besoin de vous taper dessus en vous disant que vous êtes vraiment nul et incapable d'évoluer !). Je pense que nous avons tous énormément de volonté, c'est plutôt que nous devons lutter contre nos habitudes et nos connexions neuronales. Cela ne se fait pas du jour au lendemain !

Les experts disent qu'il faut faire un effort « conscient » pendant 21 jours pour se créer une nouvelle habitude. 21 jours, c'est le temps pour se reprogrammer et développer de nouvelles connexions neuronales qui nous permettront de nous créer une nouvelle nature. Je parle de cela en détail dans mon livre *J'arrête de râler* (voir Bibliographie p. 223). À l'issue de 21 jours d'efforts et de contrôle de soi, la nouvelle habitude sera ancrée et elle pourra apparaître dans notre vie de manière inconsciente sans avoir besoin de faire d'effort. Cette mauvaise habitude que nous avions est remplacée par une nouvelle habitude qui, elle, contribue de manière plus adaptée à notre bien-être et à notre épanouissement.

J'ai personnellement pris « pour habitude de me sevrer des habitudes qui ne me conviennent pas » en me lançant régulièrement des challenges sur 21 jours. Me lancer des challenges en 21 jours est devenu un petit jeu simple mais puissant auquel je joue avec moi-même pour régulièrement me remettre en question et prendre en main ce qui me semble important et qui pourrait vraiment rendre ma vie plus riche, joyeuse et satisfaisante.

Alors, je joue (oui je m'amuse !) avec cette idée pour améliorer des petites choses de mon quotidien mais aussi des choses plus profondes. Je choisis des challenges qui me font sortir de ma zone de confort, mais j'évite absolument les challenges qui me mettent trop de pressions ou qui me demandent de changer une part de moi que finalement je n'ai pas vraiment envie de changer à ce moment-là de ma vie. Je choisis des challenges qui m'excitent, des challenges qui vont me faire sortir de ma routine et m'obliger à vivre mes journées autrement et ainsi révéler une nouvelle version de moi-même.

C'est ainsi qu'un soir, alors que je venais de me coucher épuisée et éreintée en faisant le constat que j'avais passé une journée pourrie à râler, je me suis lancé le challenge de ne plus râler pendant 21 jours consécutifs.

Depuis ce premier challenge, je me lance régulièrement toutes sortes de challenges. J'ai fait un challenge « 21 jours en buvant un jus de légumes vert par jour » pour changer mon habitude de manger des tartines tous les matins car je ne tolère pas très bien le gluten. J'ai fait « 21 jours d'abdos au pied du lit » pour réussir à enfin trouver du temps pour prendre soin de mon corps, me réveiller en mouvement le matin et progresser sur mon désir de retrouver le ventre de mes vingt ans ! Ou « 21 jours en me levant tôt » pour pouvoir prendre soin de moi et créer un espace serein avant que toute la maison ne s'agite, etc.

J'ai également fait « 21 jours en robes », amusant mais aussi un peu électrisant (vous pouvez suivre ce challenge sur www.21daysindresses.com) ! Quatre-vingt-dix femmes ont choisi d'y participer et de faire ce challenge avec moi ! Tous les jours nous postions une photo sur Facebook accompagnée de nos impressions. Mon intention durant ces 21 jours en robe était de changer mon habitude de toujours me cacher dans mes pantalons. À plusieurs reprises, je m'étais surprise à enfiler une robe le matin pour ensuite l'enlever moins d'une demi-heure plus tard. Je n'avais plus l'habitude de voir mes jambes et je me jugeais. Il y avait toujours quelque chose qui n'allait pas ! Un jour, je me suis dit que finalement c'était du gâchis. J'étais en train de passer à côté de toute une part de ma féminité (et de tout une partie de ma garde-robe !). Alors j'ai décidé de transformer cette frustration en challenge. 21 jours où le pantalon n'était plus une option, pour que je sois en paix avec mon corps, pour que je réapprenne à me voir en robe, pour que je me réhabitue à être plus féminine. Pour que j'arrête de garder mes belles tenues uniquement pour les occasions spéciales car chaque jour est un cadeau à célébrer.

Depuis je propose à mes clients de, eux aussi, se lancer des challenges. Il y a eu « 21 jours sans parler négativement de ma mère ! », « 21 jours sans dire des propos qui me diminuent », « 21 jours pour méditer », « 21 réveils sans râler (entre le réveil et le début de la journée de travail) », « 21 jours pour célébrer », « 21 jours pour aller bosser à vélo », « 21 jours sans médias », etc.

Et vous ? Quel sera votre prochain challenge ? Quelle est cette chose que vous ne voulez plus ruminer et que vous êtes prêt à éliminer de votre vie ? Quel challenge amusant et électrifiant pourriez-vous inventer pour vous engager et vous assurer que vos belles intentions ne seront pas noyées dans la spirale de votre quotidien ?

Notez soigneusement dans votre *Carnet de pépites* le ou les challenges que vous voulez vous lancer.

* Créez votre tableau de vision

Soyons clairs, nous sommes humains et notre nature humaine va tout faire pour que nous ne changions pas ! Même si la vie que nous avons ne nous convient pas vraiment, nous trouvons un certain confort dans cette vie car au moins nous la connaissons et nous avons trouvé un moyen de la maîtriser plus ou moins.

Même si nous avons des rêves et des beaux projets pour notre vie, nous allons avoir tendance à les noyer dans notre quotidien et à les oublier. Ce phénomène est en grande partie dû au fait que notre cerveau a du mal à croire en nos projets et en nos rêves.

Nous avons du mal à y croire car nous ne savons pas comment y arriver et nous n'aimons pas du tout l'inconnu et l'incertitude. Nous faisons alors le choix plus ou moins conscient de reproduire globalement jour après jour la même vie, les mêmes pensées, les mêmes actions, les mêmes réactions aux différentes situations qui se présentent à nous. On se limite à vivre la vie qu'on connaît, à vivre dans des cercles sociaux qu'on connaît, à « être » la personne que nous pensons devoir être. On se limite surtout parce que nos pensées sont limitées et que nous n'osons pas envisager que ce qu'on ne connaît pas puisse devenir notre réalité !

Cela provoque une sorte de statu quo un peu comme si on regardait le même film en boucle, sauf qu'il s'agit de notre vie !

La bonne nouvelle, c'est que nous ne sommes pas obligés de vivre comme cela. Nous pouvons tout à fait nous réveiller et créer une nouvelle réalité. Au cœur de notre vie réside le trésor d'un potentiel illimité si seulement nous avons l'audace de sortir des sentiers battus pour l'exploiter.

Un outil extrêmement puissant pour y arriver est le tableau de vision car il nous permet de garantir que nous ne perdrons pas de vue nos projets et nos belles idées. Il va surtout nous permettre petit à petit d'habituer notre esprit à la possibilité que notre vision puisse devenir réalité. Notre plus grande limite à l'épanouissement de nos vies est dans notre tête. Nous avons besoin d'élargir le champ de ce que notre conscience croit être possible pour nous et pour notre vie.

Le tableau de vision est un outil simple, ludique et puissant. Il vous faudra peut-être un peu de temps pour sentir l'impact qu'il peut avoir dans votre vie, mais si vous restez ouvert aux possibilités vous verrez que rapidement vous pourrez récolter les preuves de la puissance de cet outil sur des petites choses de votre vie.

Il vous faudra, il est vrai, peut-être plus de patience pour obtenir des résultats sur vos plus gros rêves. Mais c'est en récoltant les petites réussites que vous pourrez progressivement prendre confiance en cet outil et puiser dans son infini potentiel. La seule limite entre le potentiel ultime de cet outil et votre réalité, c'est vous et votre capacité à rester ouvert aux possibilités.

À ce stade de votre lecture, si vous avez fait les exercices que je vous ai proposés, vous avez désormais un peu plus de visibilité sur votre zone de génie et sur ce qui vous fait vibrer. Vous avez une idée de qui vous voulez être, vous avez aussi formulé votre mission et vos douze objectifs de folie.

Sachez que si certaines choses sont encore floues, c'est normal. Si cela vous met mal à l'aise et que franchement vous aimeriez avoir des réponses précises aux exercices que vous avez faits, c'est normal ! Souvenez-vous, nous sommes en train de sortir des sentiers battus et d'avancer pour vous créer une réalité qui n'existe pas encore pour vous. Une réalité plus grande et plus vibrante, mais c'est aussi une réalité qui vient sans mode d'emploi préexistant.

Je vous en supplie, ne prenez pas ce flou comme une excuse pour reporter à plus tard cet exercice. Ce flou est normal. Vous êtes en train de sortir de votre zone de confort, et c'est normal que vous ne sachiez pas exactement où vous allez. Ce qui compte, c'est que vous ayez confiance dans les réponses que vous avez données aux exercices précédents et que ce sont les meilleures réponses que vous pouviez apporter à ce moment-là de votre vie. Maintenant ce qui est important, c'est que vous n'oubliiez pas cette nouvelle version de vous-même et de votre vie que vous avez entraperçue en lisant les deux premiers chapitres de ce livre. C'est pour cela que je vous recommande vivement de lui donner forme et couleur en réalisant maintenant votre propre tableau de vision.

Exercice POUR CRÉER VOTRE PROPRE TABLEAU DE VISION

Le tableau de vision est un tableau de collage d'images, de mots et de dessins représentant ce qu'on a envie de vivre dans sa vie privée ou professionnelle.

Il permet de donner forme (et couleurs) à nos désirs, nos idées et nos intentions afin de ne pas les oublier. Le tableau de vision permet aussi de créer un réel espace physique pour nos rêves et nos projets. Ainsi on ne les garde plus dans nos têtes ou dans nos blocs-notes mais on les affiche au milieu de notre pièce principale, dans notre chambre ou notre bureau. On les affiche pour ne pas oublier. On les affiche pour les voir tous les jours et se demander : « Que puis-je faire différemment aujourd'hui pour faire de cette vision une réalité ? »

Voici les étapes clés pour créer votre tableau de vision :

> Étape 1

Pour créer votre tableau de vision, reprenez vos réponses à tous les exercices précédents que vous avez notées dans votre *Carnet de pépites* :

- les mots-clés pour parler de votre zone de génie et de ce qui vous fait vibrer (voir p. 68, 74 à 76) ;
- les trois mots qui définissent qui vous voulez être (voir p. 59 à 61) ;
- la phrase que vous avez formulée pour parler de votre mission (voir p. 104 à 108) ;
- vos douze objectifs de folie (voir p. 114 à 124).

> Étape 2

Procurez-vous un tableau d'affichage (carton ou simple feuille A3), une paire de ciseaux, de la colle et une pile de magazines (déco, voyages, magazines féminins...).

> Étape 3

Trouver des images représentant vos mots ou vos idées clés, découpez-les et collez-les sur votre support. Vous pouvez aussi, si vous le voulez, coller sur ce tableau votre liste d'objectifs ou bien les garder sur un carton séparé. Vous pouvez écrire avec des feutres, faire des superpositions et des dessins. Débridez votre créativité ! L'important est de transformer votre vision en œuvre d'art, imparfaite évidemment !

> Étape 4

Affichez votre tableau à un endroit où vous pouvez « tomber dessus » tous les jours : votre chambre, votre cuisine, votre bureau, etc.

> Étape 5

Quand vous voyez ce tableau (idéalement une à trois fois par jour), posez-vous la question : « Qu'est-ce que je peux faire différemment aujourd'hui – même une action (im)parfaite – pour avancer et rendre cette vision réalité ? »

Voici au final à quoi peut ressembler votre tableau de vision.

CONCLUSION

Activer notre brillance en la mettant en action, placer nos talents au service d'une mission qui nous dépasse, donner de la grandeur et du sens à notre travail, se fixer des objectifs qui nous permettent de devenir entrepreneur de notre vie et de ce monde qui est le nôtre… toutes ces choses que nous venons d'aborder dans ce deuxième principe nous permettent de vivre notre vie en étant plus intéressés par notre vocation et notre destinée que par nos petits problèmes.

Nous refusons ainsi de nous mettre en position de victimes (de la crise, de notre patron, de la société…) et nous nous plaçons résolument sur le terrain de jeu de la vie, réveillés, aux aguets pour saisir les opportunités et poser des actes à la hauteur de nos ambitions. Ainsi nous pouvons nous épanouir et de nous réaliser.

Témoignage de Christine

« *Je suis super-méga enchantée d'avoir eu la chance et le privilège de faire récemment partie des intervenants de la conférence TEDx de La Rochelle. Eh oui, je suis revenue en France une semaine pour l'occasion ! Ce fut intense mais aussi tellement bon de pouvoir passer un peu de temps avec mes parents et aussi de voir ma grande sœur Isabelle qui m'a soutenue avec bienveillance avant le grand jour ! Il faut que vous sachiez que cette expérience de TEDx m'a ouvert les yeux sur mes propres résistances internes ! Brrr ! Ce n'était pas beau à voir !*

Il a vraiment fallu que je me confronte à l'idée d'oser être brillante ce jour-là pour avoir le courage de poser mes fesses dans l'avion en direction de la France. Je peux vous assurer que j'ai cherché toutes les excuses du monde pour ne pas y aller.

D'abord ce fut le coût de l'avion, ensuite la difficulté pour organiser la garde des enfants, puis la culpabilité de partir, et aussi le fait que mon mari avait également de gros projets en cours, et surtout la pression pour finir le manuscrit de mon prochain livre (celui que vous êtes en train de lire !).

Et puis, lors d'une conversation avec mon mari (alors que j'espérais secrètement qu'il me confirme que ce serait plus « raisonnable » que je n'y aille pas), je me suis rendue compte que sous toutes mes « excuses » accumulées se cachait ma terreur !

Et si je n'étais pas à la hauteur ?

Et si ma vidéo TEDx (qui restera pour toujours sur le net) était naze ?

Et si j'arrivais sur scène sans être prête ? (Oh ! Les sueurs froides au milieu de la nuit...).

Et si ma présentation était moins bien que celle des autres intervenants ?

Quand j'ai compris que ma décision de ne pas y aller était en fait une décision prise sur la base de la peur (cachée sous des justifications logistiques), alors j'ai su que c'était un point de non-retour et que je « devais » y aller.

Je devais « oser être brillante », je devais walk the talk *(faire ce que je prêchais) et sortir de ma zone de confort car en fait cette zone de confort était ma zone de médiocrité. Être « raisonnable » était synonyme de ne pas prendre de risque, de rester dans ce que je maîtrise et ce que je connais. Être raisonnable, c'était la solution pour m'éviter de devoir me confronter à moi-même et me dépasser !*

Alors plutôt que d'être raisonnable, j'ai choisi de réserver mon billet d'avion et de me mettre au boulot. J'ai fait du tri dans mes priorités, je me suis couchée super tôt pour travailler aux aurores. J'ai choisi d'avancer et de faire tout ce que j'avais à faire pour me préparer, tout en sachant que ce serait toujours imparfait ! J'ai choisi de me faire confiance pour activer le meilleur de moi-même et avancer pas à pas sur ce chemin source de challenge et d'apprentissage.

Pour enfin parvenir à monter dans l'avion, j'ai fait le choix d'écouter ce qui « résonnait » en moi. Cette résonance au début ressemblait surtout à de la peur (nœud dans le ventre, palpitations), mais je savais qu'au bout de cette peur se trouvait un trésor que j'allais découvrir. Sur le chemin de cette résonance, j'allais révéler une nouvelle version de moi-même, j'allais prendre des risques pour m'exposer dans mon imperfection, j'allais pouvoir être plus humaine et rencontrer plein de personnes riches et merveilleuses qui allaient m'ouvrir l'esprit vers des choses qui aujourd'hui ne sont pas encore dans mon champ de connaissances.

À partir du moment où je me suis lancée, la destination c'est-à-dire le grand jour de la conférence TEDx est devenue moins importante que l'aventure pour y arriver ! ”

PRINCIPE N° 3

JE CRÉE MA RÉALITÉ AVEC MES MOTS

CE QU'IL **FAUT**

SAVOIR

J'ai eu récemment une grande révélation que je voudrais partager avec vous. En effet un soir, alors que je me remémorais ma journée, j'ai réalisé qu'elle avait finalement été en grande partie faite d'une succession de conversations : les conversations que j'avais eues avec mes enfants et mon conjoint au réveil et en fin de journée, avec mes collègues ou mes amis autour de la machine à café ou pendant ma pause déjeuner, des mots partagés lors de rendez-vous avec mes clients, avec la directrice de l'école des enfants, sans oublier les paroles échangées avec ma sœur, mon frère ou mes parents, avec mes voisins ou encore les commerçants de mon quartier… Ma journée avait été remplie de conversations.

Les conversations avec les autres mais aussi tous les monologues intérieurs que je peux avoir à longueur de journée avec moi-même. D'ailleurs, j'ai un jour entendu quelqu'un dire que si on devait rendre publiques nos pensées intérieures, on nous mettrait directement tous à l'asile ! Et c'est bien vrai, je crois même que nous irions volontairement nous inscrire nous-mêmes à l'accueil de l'institution la plus proche !

Ainsi j'ai soudain réalisé l'impact que tous ces mots échangés avaient sur ma perception de ma propre vie. En effet, si dans la journée j'avais eu la chance d'avoir des conversations riches, porteuses de bienveillance et de possibilités, alors je finissais ma journée comblée et confiante en la vie ; tandis que si les mots échangés avaient été limitants, pleins de jugements, de critiques ou de doutes, alors je me couchais vidée, éreintée, avec l'envie d'échapper à ma réalité à l'aide d'une bonne série télévisée ou directement la tête dans mon oreiller.

J'ai alors pris conscience que la qualité de ma vie était en lien direct avec la qualité de ma communication. C'était un constat puissant et en même temps merveilleux car je réalisais ainsi que si je voulais changer ma vie, je pouvais tout simplement commencer par changer mes conversations. En effet, même s'il est vrai que je ne peux pas toujours choisir ce qui m'arrive dans la vie, je peux toujours choisir comment je transforme et j'ancre les événements dans mes conversations.

* J'ancre mes pensées avec mes mots

Soyons clairs, il faut bien reconnaître que notre quotidien est rempli de frustrations. Nous nous levons le matin avec une liste de choses que nous voulons accomplir, et ce serait une illusion de croire que nous pouvons traverser notre journée sans que rien ni personne ne vienne contrarier nos plans. Le fait est que nous sommes des millions sur cette planète et nous n'avons pas tous la même vision des choses, ni les mêmes priorités. Alors ça crée des frustrations, des interférences avec ce que nous avions prévu dans notre journée. Certains veulent aller dans un sens et moi je veux aller dans l'autre, et parfois on se rentre dedans un peu comme si nous étions sur une piste d'auto-tamponneuses.

Ces frustrations sont là et nous devons les vivre pleinement. Mais nous pouvons aussi faire le choix de les vivre sans nous accrocher à elles pendant toute la journée, la semaine ou même notre vie !

Je vous propose d'imaginer que les frustrations que vous rencontrez dans votre journée sont comme des nuages gris (ou noir foncé) qui passent dans votre vie. Quand quelque chose ou quelqu'un vient perturber votre quotidien – ce qui arrive tous les jours –, c'est un peu comme une zone de turbulences que vous devez traverser, un peu comme dans un avion où, parfois, il est préférable de mettre sa ceinture de sécurité (est-ce un hasard si je suis en train d'écrire ces quelques lignes au-dessus de l'Atlantique dans un avion entre la France et les États-Unis ?).

Ainsi, en même temps que nous avançons (parfois avec l'aide du vent), cette frustration peut finalement évoluer et circuler, nous

« Voici la loi essentielle : la pensée crée – la parole crée. »

Marcelle Auclair

permettant de nous repositionner et de poursuivre notre chemin. En revanche, si nous ressassons notre frustration toute la journée dans nos conversations en disant : « devine ce qu'untel m'a fait ce matin... », ou bien « c'est affreux ce qui se passe... », alors c'est comme si on s'accrochait à notre nuage et qu'on lui enlevait toutes ses chances de circuler. C'est comme si on faisait le choix de rester immobile à nous plaindre au milieu de la turbulence. Avez-vous remarqué comme nous avons tendance à nous accrocher à nos frustrations et à les ressasser avec nos amis, nos collègues et notre femme ou notre mari. On s'accroche à nos frustrations et, le soir dans notre lit, on constate que la frustration a pris toute la place et qu'on est passé à côté de ce qu'il y avait à vivre dans la journée.

Quand nous nous accrochons à nos nuages, alors nous ne pouvons pas voir le ciel bleu. Nous restons coincés dans ce qui nous énerve, nous déçoit ou nous fait peur, et nous nous empêchons de voir ce qui est bon et qui est là, ce qui est possible, à savoir nos ressources pour avancer malgré les intempéries.

* J'arrête d'exagérer

Il est vrai que lorsque nous ressentons de la frustration ou de la colère au cours d'une journée, nous avons besoin de l'exprimer. Nous avons besoin d'être entendus et nous avons besoin de compassion. Nous avons besoin de partager notre souffrance pour ne plus avoir l'impression d'être seuls face à elle (qu'elle soit petite ou grande). Soyons clairs, en aucun cas je ne cherche à vous dire de garder vos souffrances et vos difficultés pour vous. Non, il s'agit ici de donner à nos souffrances la place que nous voulons qu'elles aient dans notre vie. Nous sommes invités à ne pas les laisser prendre toute la place et contaminer toute notre journée. Nous avons parfois tellement peur de ne pas être entendus que nous ne regardons pas le problème pour ce qu'il est vraiment et nous exagérons. Dans nos conversations, nous transformons nos problèmes en drames en utilisant des superlatifs et des généralisations catégoriques comme « toujours », « jamais », « personne », « tout le monde », etc. On va dire « ça me tue », « c'est affreux » ou même « quelle bande de débiles et d'incompétents », ou encore « mais vous ne vous rendez pas compte », « c'est inacceptable », « appelez-moi le directeur ! »...

Le souci, c'est que nos mots créent notre réalité et quand nous ancrons nos « drames », nous finissons par croire ce que nous disons, que c'est « terrible », que « je suis victime », que « le monde est mauvais », que « je n'ai aucune prise sur le problème »... Nous perdons nos moyens et nous nous retrouvons paralysés avec l'impression que nous sommes coincés, excédés avec l'impression de vivre une attaque à notre liberté. En plus, les personnes autour de nous qui participent à nos conversations finissent aussi par croire la même chose ! Elles nous voient en victimes et donnent de l'écho à notre sentiment d'impuissance ou d'injustice, et petit à petit nous cultivons un sentiment collectif de désarroi et de victimisation.

Il est donc primordial d'apprendre à avoir le mot juste dans nos échanges.

Avoir le mot juste est une pratique absolument fabuleuse que je vous encourage vivement à essayer. C'est absolument magique d'apprendre à parler de ses problèmes pour ce qu'ils sont vraiment, parce que du coup on réalise que nous pouvons les vivre et les traverser ! Soudain nos soucis ne sont plus des montagnes infranchissables ou des orages impossibles à traverser, mais des obstacles sur le chemin de notre vie.

Don Miguel Ruiz parle brillamment de ce sujet dans son livre *Les quatre accords toltèques* que je vous recommande vivement (voir bibliographie p. 223).

* Je refuse d'être victime

Quand nous nous sentons victimes de notre emploi (ou notre manque d'emploi), de notre patron, de la crise, de la politique, de notre conjoint, de notre famille... c'est bien souvent nous-mêmes qui nous positionnons en victimes lors de nos conversations. Nous mettons en effet beaucoup d'énergie à dire que ce n'est pas notre faute, que c'est la faute de l'autre si nous sommes dans cette galère.

J'ai moi-même découvert que j'étais parvenue à développer un réel talent pour pointer du doigt tous les coupables de ma vie. Car c'est plaisant d'être victime : si l'autre a tort, alors j'ai raison, et si l'autre est coupable, alors c'est à lui de trouver une solution au problème, pas à moi. Le problème, c'est que si je dis que c'est la faute de l'autre, alors cela veut dire que, moi, je ne peux rien faire ! C'est vrai que c'est plus facile d'être victime qu'acteur, mais quand je suis victime, je décide en fait de ne plus avoir de pouvoir pour prendre ma vie en main.

Quand je me positionne en victime au cours de mes conversations, alors je fais le choix de donner mon pouvoir à celui ou celle qui est soi-disant « coupable ». Je le pointe du doigt mais en même temps je lui transmets mon destin. Le jour où j'ai pris conscience que j'avais tout à fait le pouvoir de refuser d'être victime de qui que ce soit et de quoi que ce soit, ce fut une de mes plus grandes révélations. C'est hallucinant de prendre conscience qu'on peut choisir de faire autrement. Et je n'ai aucun doute que vous puissiez en faire autant.

En changeant ce que nous disons dans nos conversations à propos de nos soucis, nous pouvons choisir de donner le pouvoir à notre coupable ou pas. Imaginez... si vous n'êtes plus victime et si les autres ne sont plus coupables, alors tout est possible !

Notre vie est une succession de conversations et en modifiant nos conversations, nous pouvons changer notre vie (et même la société). Avec mes mots, j'ai le pouvoir d'ancrer mes pensées dans ma vie comme je le souhaite. C'est fou mais c'est aussi merveilleux, car je peux choisir quelles catégories de pensées je veux ancrer dans ma vie. Ai-je envie d'ancrer mon sentiment d'injustice et d'impuissance, ou ai-je envie d'ancrer mon sentiment d'espoir, de possibilités infinies et de gratitude ?

Mes conversations sont des échanges avec les autres et elles impactent profondément mon expérience de la vie : la façon dont je me vois, la façon dont les autres me voient et la vision qu'ensemble nous créons de la société. Voulons-nous voir la vie comme une montagne de soucis infranchissable où nous donnons le pouvoir à nos coupables, ou bien préférons-nous voir la vie comme un terrain de jeux au milieu duquel nous sommes acteurs, en faisant de notre mieux et où nous nous réinventons, nous nous renouvelons et au final nous nous révélons ?

Les choses sur lesquelles nous décidons d'accrocher notre attention ont un effet colossal sur ce qui va se produire dans notre vie. C'est important d'en prendre conscience, mais ce qui est encore plus important, c'est de réussir à le mettre en pratique dans sa vie.

FAITES VOTRE

Célébration, affirmation et déclaration, voici les trois mots que je voudrais vous inviter à mettre au cœur de vos conversations pour créer votre réalité.

Quand nous râlons, nous ancrons nos frustrations, mais quand nous célébrons, nous ancrons ce qui va bien. Quand nous affirmons, nous ancrons notre brillance et notre puissance. Quand nous déclarons, nous ancrons notre intention et toutes les possibilités que nous décelons pour nous et pour la société.

* Remplacez vos râleries par des célébrations

Vous ne serez pas étonné si je vous dis qu'arrêter de râler fut le tout début de ma nouvelle vie ! C'est incroyable à quel point j'ai pu accéder à plus de sérénité et de puissance le jour où j'ai débuté le challenge de ne pas râler pendant 21 jours consécutifs. J'ai mis un bracelet à mon poignet et à chaque fois que je râlais, je remettais les compteurs à zéro, mon objectif étant de passer 21 jours consécutifs avec le bracelet sur le même poignet. Ce challenge m'a permis de me sevrer de cette habitude et de me créer une nouvelle nature. Ce jour-là, j'ai pris la ferme décision que je ne subirais plus ma vie, ma vie ordinaire et il est vrai « pas toujours sexy ».

J'ai pris conscience du poids de mes « drames » quotidiens sur ma vie, de cette habitude que j'avais de mettre mes soucis et mes petites ou grosses galères sur le devant de la scène de ma vie, et donc au cœur de mes conversations. Au final je me retrouvais à avoir l'impression d'être bien trop souvent en train de résister à ma vie, et c'était épuisant. Quel cadeau délicieux que d'apprendre à changer mes conversations pour mettre enfin l'accent sur mes ressources, sur les solutions constructives et surtout apprendre à célébrer toutes les petites choses que la journée m'avait apportées et qui, avant, passaient inaperçues sous le poids de mes râleries.

Arrêter de râler m'a permis d'acquérir une grande force car j'ai commencé à sortir du jeu coupable/victime qui, finalement, me polluait la vie.

Personne n'aime être coupable, personne n'aime être pointé du doigt et personne n'a envie de répondre à des exigences ou à des ordres venus de l'extérieur. J'ai compris cela le jour où j'ai accepté de me mettre à la place de celui qui se fait râler dessus.

Depuis mon challenge, je suis maintenant sur un chemin où je cherche à cultiver la coopération plutôt que l'obéissance, ou je cherche à inspirer les autres à m'aider à satisfaire mes besoins plutôt qu'à leur imposer d'obéir à mes râleries, et petit à petit j'arrive à devenir la femme, l'épouse, la mère, la collaboratrice que j'ai vraiment envie d'être. Ce n'est pas facile, mais ça vaut le coup. On apprend énormément sur soi !

Ce challenge m'a aussi permis de faire un constat étonnant. Je me suis rendu compte que, sans râleries, mes conversations pouvaient parfois avoir de gros blancs ! Quand on fait le choix de ne plus râler, bien souvent on n'a plus grand-chose à dire ! On a tellement pris l'habitude de râler pour s'exprimer ou pour se connecter avec les autres qu'on se retrouve bien embêté !

Je me suis alors demandé : « Mais si je ne peux plus râler, alors de quoi est-ce que je peux parler ? »

C'est à ce moment-là que j'ai fait le choix de remplacer mes râleries par des célébrations. La célébration, c'est apporter de la gratitude dans mes conversations. Eh oui, j'ai appris à célébrer la vie dans mes conversations, à donner plus de place à ce qui se passait bien dans ma vie, à ce qui me faisait vibrer, à reconnaître les cadeaux que la vie et les personnes qui m'entourent me faisaient. J'ai appris à reconnaître ce qui va dans le bon sens dans mon quotidien et à le mettre au cœur de mes échanges avec les personnes qui m'entourent. Je fais le constat que la célébration est probablement maintenant une des plus grandes sources de plaisir et de satisfaction dans ma vie.

Témoignage de Cécile

« *Je râle et ça me fatigue, et ça fatigue aussi mon mari et mes deux enfants ! Donc, ce matin, j'ai mis un bracelet autour de mon poignet. Je l'ai déjà changé quatre fois de poignet ! Je vous avoue que j'essaie de résister en cherchant des excuses à mes râleries parce que ma fille est autiste et que ma vie est compliquée. Mais finalement, ma vie n'est pas plus compliquée que celle des autres, elle est juste différente et râler ne sert à rien car cela ne changera pas les choses. Par contre, me lamenter sur mon sort me rend malheureuse. Alors c'est décidé, j'arrête de râler !* »

Avec la célébration, j'ai appris à ne pas garder ma gratitude et mes mercis pour mes prières, mais à les partager haut et fort tous les jours de ma vie.

Bien plus qu'une simple « chose à faire », exprimer sa gratitude dans nos conversations est aussi une attitude que nous choisissons d'adopter dans notre quotidien. C'est le choix profond que nous faisons de transformer les événements de notre vie ordinaire en instants riches de sens. Il ne s'agit pas juste de dire « merci » par politesse comme on l'apprend à nos enfants, mais surtout d'apprendre à sentir cette gratitude profonde dans notre cœur quand on l'exprime.

C'est tellement plus satisfaisant de parler de ce qui fait gonfler ou vibrer notre cœur, plutôt que de parler des aléas de la météo, de nos petits malheurs, des potins ou des retards du train ou du métro. Tandis que le fait de râler cristallise nos manques, nos peurs et nos doutes, la célébration, elle, libère l'abondance de la vie. Elle bonifie ce que nous avons déjà, et nous donne confiance en nous, en les autres et en notre avenir.

« La gratitude non exprimée n'existe pas. Si votre gratitude n'est pas exprimée, alors c'est tout simplement de l'ingratitude. »

Robert Brault

La célébration nous permet de ne plus nous contenter de fêter uniquement nos réussites les plus remarquables (comme un diplôme, un mariage, un bébé ou une promotion). Elle nous permet de mettre sur le devant de la scène nos petites victoires du quotidien (avoir clôturé un dossier, une belle conversation avec ses parents, la place de parking miraculeusement libérée, le café qui a été fait par le collègue avant notre arrivée...).

Célébrer n'est pas une frivolité. En célébrant, nous ancrons ce qui va dans le bon sens dans notre vie. Nous devenons conscients de ce que les autres font pour nous, même si ce sont des toutes petites choses, comme un enfant qui pense à mettre ses chaussures à temps pour partir à l'école, le service client de la banque qui trouve la réponse à notre question ou un membre de notre équipe qui respecte ses délais. En pratiquant la célébration, nous prenons conscience de toutes ces choses qui, avant, passaient inaperçues. Nous capitalisons sur les efforts de chacun et nous récoltons le bon, le merveilleux et le sacré de notre quotidien.

Ce qui est merveilleux quand on met le positif au cœur de nos conversations, c'est qu'on se sent récompensé par la vie. On se sent satisfait et non plus frustré. On fait du bien aux autres et on se fait du bien à soi-même.

« La gratitude est non seulement la plus grande des vertus, mais c'est également la mère de toutes les autres. »

Cicéron

Le seul problème avec la célébration, c'est qu'on a tendance parfois (et même souvent) à l'oublier. Dans la spirale du quotidien, nos belles intentions s'évanouissent et nous oublions trop vite et trop souvent que nous avons envie de changer nos conversations. C'est tellement facile de retomber dans nos vieilles habitudes de râleur(se). C'est tellement facile de se laisser contaminer par les râleries des autres ou l'ambiance morose et limitante de notre environnement.

J'ai d'abord personnellement appris qu'il fallait que je « pratique » la célébration car elle ne trouvait pas forcément sa place naturellement dans mon quotidien. Ça n'a pas toujours été simple d'apprendre cette nouvelle langue et j'ai rapidement ressenti le besoin de créer un « espace » quotidien dans lequel je pouvais m'entraîner et récolter les bénéfices de la célébration. Alors chez moi, nous avons instauré un petit rituel pendant le dîner où nous faisons avec mon mari et mes trois enfants un tour de table au cours duquel chacun peut partager quelque chose qui mérite d'être célébré. C'est un moyen extra de se reconnecter et de faire un petit bilan de ce que la journée nous a donné à vivre. Nous « récoltons » ainsi toutes les choses qui ont été dans le bon sens pendant la journée et cela nous donne envie d'aller vers le lendemain (nous avons aussi décidé d'avoir toujours du champagne ou une boisson de fête au frais, ainsi nous avons l'apéro dînatoire facile quand nous avons envie d'apporter un peu de légèreté et de festivité à nos soirées) !

« La gratitude peut transformer votre routine en jours de fête. »

William Arthur Ward

Je connais des entreprises qui ont fait le choix d'adopter le même rituel en réunion. Quand on commence une réunion en faisant un tour de table où est évoqué ce qui va dans le bon sens, où on prend le temps de nommer et de reconnaître les efforts de chacun, où on se réjouit des dossiers bouclés ou des nouveaux contrats décrochés, cela permet de ne pas mettre toute l'attention sur les problèmes qui restent à régler. Cela permet aussi de renforcer l'idée que chacun fait de son mieux. L'équipe se sent alors plus forte et plus solide pour appréhender les aléas du quotidien.

Les rituels de célébration transforment la perception que nous avons de nos journées, et de notre vie plus largement. Ainsi en remplaçant nos râleries par des célébrations au cours de nos conversations, nous arrivons à transformer notre quotidien ordinaire en une aventure (extra)ordinaire.

Mettre ces moments de gratitude au cœur de nos vies et surtout exprimer cette gratitude avec les personnes qui nous entourent ne veut absolument pas dire que nous mettons nos lunettes roses, que nous ignorons nos soucis et que nous prétendons vivre dans le pays des Bisounours. Au contraire, en ouvrant notre cœur et en reconnaissant les toutes petites choses délicieuses de notre quotidien, nous pouvons récolter de la force, de l'espoir, du courage et de l'inspiration pour prendre notre vie en main.

Exercice PETITS EXERCICES POUR CÉLÉBRER

> Exercice 1

Prenez votre agenda et fixez un soir cette semaine pour faire un petit apéro festif et célébrer vos joies quotidiennes. Notez le nom des participants et n'oubliez pas de les prévenir ! Pensez également à la liste des petites courses à faire pour rendre la soirée festive.

> Exercice 2

Comme dans le tableau ci-dessous, listez trois belles choses de votre journée à célébrer, mais qui sont passées inaperçues car noyées sous vos râleries (un projet bouclé, un souci réglé, un rayon de soleil, votre enfant qui vous tient la main...). En suivant les quatre étapes, vous pourrez facilement formuler votre gratitude, pour pouvoir ensuite la partager avec les autres.

Étape 1 **Décrire la situation à célébrer (quand j'ai vu, senti, entendu...).**	**Étape 2** **Décrire ce que vous avez ressenti (je me suis senti(e), excité(e), inspiré(e), heureux(se), soulagé(e)...).**	**Étape 3** **Décrire pourquoi vous avez ressenti cela (parce que...).**	**Étape 4** **Avec qui et comment je vais exprimer ma gratitude.**
Quand j'ai passé la soirée à rigoler avec Sophie.	Je me suis senti(e) vraiment bien entouré(e) dans la vie. Cela m'a vraiment mis du baume au cœur.	Parce que je me sentais un peu au fond du trou ce soir-là, et elle a su adopter exactement l'attitude pour me faire du bien.	Je vais lui téléphoner ce soir pour lui exprimer ma gratitude.
Quand j'ai senti le soleil sur ma peau pendant ma pause déjeuner.	Cela m'a fait frissonner de plaisir.	Parce que je sortais de trois heures de rendez-vous téléphonique, ce rayon de soleil m'a reconnecté(e) avec la force de la nature.	Je vais célébrer cela ce soir avec mon (ma) conjoint(e) et mes enfants pendant le dîner.

Quand...	*Je me suis senti(e)...*	*Parce que...*	*Je vais...*
Quand...	*Je me suis senti(e)...*	*Parce que...*	*Je vais...*
Quand...	*Je me suis senti(e)...*	*Parce que...*	*Je vais...*

> Exercice 3

Demain au milieu de votre journée ordinaire, prenez le temps d'exprimer votre gratitude à au moins cinq inconnus. Vous verrez, c'est absolument magique d'ouvrir ainsi votre cœur à la gratitude.

Cela peut-être la personne qui retient l'ascenseur pour que vous puissiez monter, le vendeur qui vous renseigne dans le magasin, l'employé qui vous répond au téléphone, l'infirmière qui a pris soin de vous ou la personne qui vous a servi votre repas à la cafétéria du bureau...

* Osez l'affirmation

Savez-vous que nous avons en moyenne 60 000 pensées par jour qui circulent dans notre tête ? Cela correspond à environ 40 pensées par minute. Les psychologues nous disent que 95 % de ces pensées sont les mêmes que la veille et que le jour d'avant et le jour encore d'avant... et que 80 % de ces pensées sont négatives. Vous imaginez bien que toutes ces pensées négatives ont un impact considérable sur notre vie. Un ancien professeur de médecine de l'université de Stanford, le docteur Bruce Lipton, a fait des recherches fascinantes en biologie et a prouvé que la façon dont nous percevons et interprétons notre environnement peut aller jusqu'à impacter directement nos gènes. Nous pourrions en effet apparemment, selon ses recherches, transformer des cellules malades en cellules saines en modifiant

« L'expression de la gratitude a trois niveaux : l'amour dans le cœur, la louange sur la langue et la récompense par l'action. »

Albert Schweitzer

notre perception de la vie. Ces découvertes en épigénétique sont révolutionnaires car elles prouvent qu'en changeant la manière dont nous interprétons les situations de notre vie, nous pouvons changer qui nous sommes, nous pouvons reprogrammer notre corps mais aussi forcément nos comportements et donc notre vie.

Le docteur Bruce Lipton nous dit que 95 % de la manière dont nous vivons notre vie dépend de la manière dont notre subconscient est programmé. Si notre subconscient déborde de négativité, et si nos pensées sont polluées par des croyances limitantes, cela va forcément altérer notre épanouissement, d'autant plus que notre subconscient est constamment en train de chercher à prouver qu'il a raison et que nos craintes sont vraies.

Ainsi, pour tous ceux d'entre vous qui veulent se réveiller à leur vie, il devient vital et essentiel de réussir à transformer vos croyances négatives. Et pour cela je vous invite à puiser dans le pouvoir de l'affirmation.

Affirmer consiste à répéter certains mots ou certaines phrases qui représentent ce que nous voulons vivre dans notre vie afin de transformer petit à petit nos pensées et ainsi influencer nos actions. Ces phrases que nous allons répéter vont nous permettre de changer les pensées négatives ou limitantes que nous avons sur nous-mêmes, et de changer de manière radicale nos croyances et notre vision de la vie.

Nous savons tellement bien parler de ce qui nous agace et de ce qui ne nous convient pas dans notre vie. Et si nous prenions cette capacité de formulation pour, au contraire, affirmer qui nous voulons être et ce que nous voulons vivre dans notre vie ?

Affirmer nous permet de changer nos croyances limitantes et d'en développer de nouvelles qui nous autorisent à saisir les opportunités de

« De même qu'un singe qui prend ses ébats dans la forêt saisit une branche puis l'abandonne aussitôt pour se raccrocher à une autre, ainsi, ce que vous nommez pensée, connaissance, se forme et se dissout sans cesse. »

Bouddha

la vie. Nos actions ainsi transformées vont nous permettre de récolter les preuves de notre nouvelle croyance et ainsi impacter notre subconscient. Nous passons du cercle vicieux au cercle vertueux.

Nos mots créent notre réalité. Quand nous râlons ou quand nous laissons notre petite voix rabat-joie qui nous tire vers le bas prendre le dessus de notre vie, nous mettons notre attention sur nos manques, nos frustrations, nos doutes et nos peurs ; tandis que répéter une affirmation positive nous permet de mettre notre attention sur les possibilités de la vie, nos ressources, notre confiance et notre force.

Une fois encore, pour aller au bout de mes interrogations, je me suis intéressée à la définition du mot « affirmation » dans le dictionnaire. Le Larousse nous propose la définition suivante :

- action de rendre manifeste, éclatant (l'affirmation de l'indépendance nationale) ;
- statut de la phrase (déclarative, interrogative ou impérative) qui présente le prédicat comme vrai, possible, probable, contingent ou nécessaire (par opposition à la négation).

Affirmer, c'est donc le fait d'utiliser nos mots pour rendre manifeste et éclatant ce que nous voulons dans notre vie. C'est le fait d'utiliser nos mots pour dire ce que nous voulons qui soit vrai ou possible dans notre vie. C'est le fait de dire et de croire en ce qu'on dit.

La pratique de l'affirmation, telle que je la connais, consiste à répéter une phrase plusieurs fois par jour. On peut le faire, par exemple, sous la douche, en conduisant, quand nous passons le balai ou quand nous faisons la vaisselle.

Exercice 7 CLÉS POUR FORMULER MON AFFIRMATION

> Je formule mon affirmation

La première chose à faire est bien évidemment de réussir à formuler son affirmation.

> Clé 1 : J'affirme pour contrecarrer une croyance limitante

Je fais moi-même appel aux affirmations quand je sens que ma vie est trop fortement impactée par une croyance limitante. Si je m'entends croire trop souvent que « je ne vaux rien », qu'« à mon âge, ça devient dur de garder la ligne », que « je ne peux pas tout faire », que « si ça se trouve, je ne suis pas quelqu'un de bien » ou que « je ne suis pas assez légitime pour faire ce que je veux faire dans ma vie », je choisis alors de formuler une affirmation pour contrecarrer mes doutes et développer progressivement une nouvelle croyance qui me semble plus juste et qui me convient mieux.

« C'est la répétition d'affirmations qui mène à la croyance. Et une fois que la croyance devient une conviction profonde, les choses commencent à se produire. »

CLAUDE M. BRISTOL

Pour contrecarrer « je ne vaux rien », je vais affirmer « ma destinée est de partager mes talents avec le monde » ou bien « le monde a été béni le jour où je suis né ».

Pour contrecarrer mes craintes de prise de poids à l'aube de la quarantaine, je vais affirmer « je suis radieuse et belle et j'accède à toute la puissance de mon corps ».

Pour m'aider à gérer le stress de ma liste interminable de choses à faire, je vais affirmer « je peux gérer mes priorités avec grâce et détermination ».

Pour apaiser ma peur ultime qu'il y a quelque chose qui cloche en moi, ou que je ne suis pas légitime, j'affirme « j'apporte le bon dans ma vie et dans la vie des personnes qui m'entourent ».

Et ainsi de suite pour chaque pensée limitante.

> Clé 2 : Je positive

Vous pouvez remarquer que je fais attention quand je formule mon affirmation d'utiliser des mots positifs qui n'ont pas de connotations négatives. Par exemple, je ne dis pas « je ne suis pas grosse » ou « je suis capable de perdre du poids », car mon subconscient ne sait pas forcément faire le tri et risque de retenir les mots « grosse » et « poids ». Mon subconscient ne fait pas forcément la différence entre ce que je veux et ce que je ne veux pas. Alors il est important que mon affirmation soit précise et vraiment dirigée dans la direction de ce que je veux faire apparaître dans ma vie (car souvenez-vous que votre subconscient va tout faire pour prouver que nos croyances sont vraies).

> Clé 3 : Je formule au présent

Il est primordial d'affirmer au présent :

- je ne dis pas « je vais activer ma brillance », je dis « je suis brillante » ;
- je ne dis pas « je vais prendre soin de moi », mais plutôt « je prends aisément soin de moi tous les jours » ;
- je ne dis pas « je vais gagner plus d'argent », mais « tous mes besoins financiers sont comblés ».

J'affirme au présent et mon subconscient va devoir travailler pour faire de cette affirmation une réalité.

> Clé 4 : J'utilise des mots apaisants

Je choisis aussi parfois d'augmenter l'impact de mes affirmations en ajoutant des mots comme « sereinement », « avec grâce » ou « aisément ». Cela me permet de me rassurer sur le fait que l'affirmation va faire son travail et que je ne vais pas avoir besoin de lutter pour la rendre réalité, mais qu'au contraire je vais rendre manifeste mon affirmation de manière déterminée, certes, mais dans la fluidité et la sérénité. Ces petits mots, « sereinement », « avec grâce » ou « aisément » me permettent d'ouvrir pleinement mon cœur à cette nouvelle possibilité que j'appelle à installer dans ma réalité.

> Clé 5 : Je m'implique totalement

> *« Jésus prit la parole, et leur dit : Ayez foi en Dieu. Je vous le dis en vérité, si quelqu'un dit à cette montagne : Ôte-toi de là et jette-toi dans la mer, et s'il ne doute point en son cœur, mais croit que ce qu'il dit arrive, il le verra s'accomplir. C'est pourquoi je vous dis : Tout ce que vous demanderez en priant, croyez que vous l'avez reçu, et vous le verrez s'accomplir. »*
>
> **Marc 11:22-24**

Attention, les affirmations ne doivent absolument pas être considérées comme des formules magiques qui se réalisent du premier coup en claquant des doigts (ou en bougeant son nez comme dans la série télévisée *Ma sorcière bien aimée*).

N'oublions pas que nos affirmations ne sont pas des demandes mais plutôt un outil pour nous permettre de, petit à petit, changer les croyances profondes, et souvent inconscientes, que nous avons vis-à-vis de nous-mêmes et de la vie. Cela ne se fait pas du jour au lendemain. Ce qui est important avec les affirmations, c'est l'implication que nous avons dans leur utilisation. Il est important pour réussir à changer notre subconscient de s'engager à répéter la même affirmation et surtout de le faire en étant pleinement engagé dans ce que nous disons. Il ne s'agit pas de répéter mécaniquement, mais plutôt de le dire avec nos tripes et surtout d'y croire nous-mêmes. Au moment où nous disons notre affirmation, il faut vraiment être ouverts à la possibilité que cela puisse être la réalité. Si je n'y crois pas moi-même, comment puis-je m'attendre à ce que mon subconscient intègre le message ? Je peux, si cela m'aide, prendre une grande respiration avant de commencer.

> Clé 6 : J'aligne mon affirmation avec mes valeurs profondes

Je connais plusieurs personnes qui ont essayé les affirmations et qui ont été déçues. Elles ont fini par baisser les bras en disant que cela ne marchait pas.

Ce que j'ai remarqué, c'est qu'il est important de prendre conscience qu'affirmer et penser négatif ensuite pour le reste de la journée nous empêche de récolter les bénéfices de nos efforts. La négativité nous empêche de voir ce qui est possible. Elle nous limite, nous amène à avoir peur et à constamment craindre de manquer (de temps, d'argent, d'amour...). C'est pourquoi si la pratique des affirmations vous attire, alors je vous conseille vivement de la mettre en œuvre conjointement avec le challenge d'arrêter de râler (voir p. 127, 144 et suivantes).

Pour certaines personnes, le résultat de leurs affirmations sera assez immédiat, pour d'autres il faudra attendre plus longtemps. J'ai personnellement appris que si j'ai l'impression que mon affirmation n'a aucun impact sur ma vie, c'est qu'alors probablement je suis en train d'essayer de forcer une affirmation qui est trop loin de mes croyances profondes, ou qui n'est pas vraiment alignée avec mes valeurs.

Ainsi une personne sensible à la misère aura du mal à affirmer son seul désir de s'enrichir, en revanche elle pourra plus facilement affirmer son désir d'augmenter ses revenus afin de les partager avec les plus démunis.

Il est vraiment important de choisir des mots qui me font vibrer. Ils doivent être alignés avec certaines choses auxquelles je crois déjà, ou au moins des choses que je me sens prête à croire relativement facilement. J'ai pris conscience que mon affirmation est d'autant plus puissante et efficace qu'elle est formulée de manière à créer le moins de désaccord possible avec mon idéologie de vie.

> Clé 7 : J'ose mettre ma brillance au cœur de mes affirmations

Pour conclure, je voudrais vous dire qu'il n'y a rien de mal à dire des choses bien sur vous. Il n'y a pas de mal à affirmer les possibilités que vous avez dans votre vie, à affirmer votre brillance, à affirmer votre puissance.

Trop de personnes pensent que, franchement, il y a quelque chose qui cloche en elles. Aujourd'hui, je vous invite à affirmer la brillance qui est en vous sans avoir peur que cela affecte votre ego. Je peux vous assurer que votre ego est assoiffé de reconnaissance. Reconnaître l'énorme bonté qui est en vous est le seul moyen de l'activer pleinement et de vivre vraiment réveillé.

Voici les quelques affirmations qui me guident depuis maintenant quelques années :

- Mon inspiration et mon intuition méritent toute mon attention.
- Ma vie m'offre tous les jours une série d'opportunités pour activer mon talent et me dépasser.

- Je veux être intéressée par ma vocation plus que par mes problèmes.
- Je cherche à toujours me lancer de nouveaux challenges pour révéler la nouvelle version de moi-même.
- Je suis réceptive aux messages de mon cœur et de mon âme.
- Mes mots créent ma réalité. Si je change mon message, je peux transformer ma vie.
- J'arrête de râler et je m'engage à être la lumière que je veux voir dans ce monde.
- Célébrer n'est pas une frivolité.
- Je pose des actes à la hauteur de mon ambition, une action (im)parfaite à la fois.
- Ma zone de confort est en fait ma zone de médiocrité.
- J'ose faire de ma vie une épopée.

Vous voyez que ces affirmations sont imparfaites. Certaines ne suivent même pas exactement les conseils que je viens de vous donner ci-dessus. Mais ce sont mes affirmations. Elles me parlent. Elles me font vibrer. Elles me donnent envie d'avancer.

Peut-être que certaines de ces affirmations vous parlent, et libre à vous de les adopter dans votre vie si cela peut vous aider autant que moi. Sachez toutefois que vos affirmations ne fonctionneront que si vous y croyez vraiment et que si vous vous sentez vraiment prêt à les activer. Une part de vous doit se sentir prête à agir et à poser des actes à la hauteur de vos affirmations. Rien ne sert en effet de plaquer sur votre vie une affirmation qui sera finalement un poids, une charge ou une pression. Une affirmation doit vous donner des ailes. Elle doit être excitante et un peu « électrisante » car elle vous invite à activer quelque chose qui est en vous, prêt à émerger.

En vous laissant guider par les 7 clés, prenez le temps d'écrire dans votre *Carnet de pépites* votre prochaine affirmation.

Ne le faites pas à la va-vite. Prenez le temps de le faire vraiment bien.

Êtes-vous prêt à activer le pouvoir de votre affirmation ?

Alors commencez dès maintenant. Fermez ce livre. Prenez une grande respiration. Ouvrez votre cœur et affirmez au moins trois fois de suite en vous connectant profondément avec la puissance de vos mots.

Allez-y, faites-le maintenant ! Ne reportez pas à plus tard. Essayez cette chose nouvelle qui au début vous mettra peut-être mal à l'aise. Nous avons toujours tellement de résistance à faire entrer quelque chose de nouveau dans notre vie, même si nous savons que ce serait positif pour nous. Ce qui compte, c'est de commencer et d'oser essayer.

Si vous en ressentez le besoin, écrivez votre affirmation sur un joli carton ou affichez-la sur le miroir de votre salle de bains, en fond d'écran de votre ordinateur ou de votre téléphone portable, sur le tableau de bord de votre voiture... Surtout n'oubliez pas de dire votre affirmation à haute voix. N'oubliez pas que vous croyez ce que vous entendez. N'oubliez pas que vos mots créent votre réalité !

* Puisez dans le pouvoir de la déclaration

La déclaration est une pratique que j'utilise très souvent dans ma vie et qui me permet de pousser un peu plus loin le pouvoir de l'affirmation. La déclaration, c'est l'acte de porter à la connaissance du public, des autres, des personnes qui vous entourent, votre affirmation.

Si la pratique de l'affirmation peut se faire sous votre douche, dans votre voiture ou dans votre cuisine, la pratique de la déclaration, elle, ne peut pas se faire quand vous êtes seul. Déclarer, c'est l'acte de dire haut et fort ce que vous voulez dans votre vie devant une ou plusieurs personnes qui seront témoins. La déclaration, c'est l'art de ne pas garder pour soi ce qu'on voit comme possible dans notre vie. C'est l'acte de rendre réel ce qui est possible en commençant par lui donner une vraie place dans nos conversations.

L'action de déclarer nous amène à dire à quelqu'un, avec une certaine assurance ou dans des circonstances qui semblent relativement officielles, ce que nous voulons rendre possible dans notre vie.

Je l'ai constaté dans ma vie et dans la vie des participants à mes séminaires : dès l'instant où un individu déclare que quelque chose est en train de se produire, alors sa réalité commence déjà à changer pour s'aligner avec ce qui a été déclaré. La personne qui déclare ne se voit plus de la même manière et les personnes qui ont été les témoins de la déclaration changent aussi leur regard sur la personne pour la soutenir dans son projet.

Évidemment, on ne va pas obtenir ce qu'on veut dans notre vie uniquement en l'affirmant ou en le déclarant. Mais le fait de commencer par le dire est nécessaire pour l'obtenir un jour.

Le fait est que nous sommes tous déjà en train de déclarer à longueur de journée dans nos échanges avec les autres. Nous disons : « ce n'est pas possible », « ce n'est pas raisonnable », « ça me tue », « c'est affreux », « c'est terrible », « c'est mal », etc. Nous n'avons aucune difficulté à faire des déclarations négatives, alors pourquoi est-ce que cela nous met autant mal à l'aise de faire des déclarations positives ?

Avec ce troisième principe fondamental, j'ai l'espoir de vous faire prendre conscience que nos mots peuvent donner une direction à notre vie.

« Tu déclareras une chose, et elle te réussira, et la lumière resplendira sur tes voies. »

JOB 22:28

On peut lire dans la Bible que la foi vient de ce qu'on entend (Romains 10:17). Que nous soyons catholiques ou pas, je pense qu'il y a beaucoup de vérité dans ces écrits. Ce que nous entendons influence énormément ce en quoi nous croyons, et quand nous entendons un flux de plaintes, de peurs, de doutes et de râleries à longueur de journée, eh bien nous finissons par croire que le monde est dangereux, que les autres sont mauvais et que rien n'est possible. Nous finissons par douter de la nature humaine et donc de nous-mêmes.

Pour avoir confiance en soi, pour avoir confiance en les autres, pour avoir confiance en la vie, nous devons changer nos conversations car, quand on parle, on entend ce qu'on dit et surtout on finit par croire ce qu'on dit.

La déclaration nous permet aussi de ne plus passer notre vie en mode automatique, à laisser les choses nous arriver pour ensuite les gérer en râlant !

La déclaration est un outil puissant qui nous permet de passer du mode automatique au mode intentionnel. La déclaration nous permet d'allumer le radar de ce que nous voulons (plutôt que de râler sur ce que nous ne voulons pas). Quand nous déclarons, nous croyons ce que nous disons, et soudain nous sommes capables de voir toutes les ressources qui nous habitent, ces mêmes ressources que nous ne pouvions activer lorsque nous étions coincés par nos doutes et nos manques.

Je me souviens d'une des premières fois où j'ai pratiqué la déclaration. C'était il y a maintenant quelques années.

Après un début de carrière dans les ressources humaines et quelques années de flottement professionnel lié à mon expatriation aux États-Unis et à la naissance de mes enfants, je venais de découvrir le coaching un peu par accident. Je n'avais jamais entendu parler de ce métier et pourtant j'ai su immédiatement que c'était ma destinée. Au moment même où ma belle-sœur me parlait de ce métier, j'ai senti toutes les cellules de mon organisme se mettre à vibrer. La chair de poule est apparue sur tout mon corps. J'ai eu ce qu'on pourrait appeler un coup de foudre ! Le jour même j'ai déclaré lors du déjeuner familial : « J'ai trouvé ce que je veux faire de ma carrière, je veux être coach. »

Le soir même, j'ai appelé mes beaux-parents pour le leur dire aussi. J'ai demandé à mon beau-père de m'apporter tous les livres de Dale Carnegie qu'il avait dans sa bibliothèque car je voulais les emmener dans mes valises pour mon retour aux États-Unis. Ma déclaration était claire et déterminée.

À peine quelques semaines plus tard, lors du jour de la rentrée des classes de mes filles à Los Angeles, j'ai parlé de mon projet à une maman à la sortie de l'école, et c'est ainsi que j'ai découvert qu'elle était elle-même coach depuis plus de dix ans. Elle m'a proposé de m'accompagner et de devenir mon coach et mon mentor. Je me souviens avoir eu l'impression de vivre quelque chose de magique dans la cour de l'école, comme si ma vie était en train de s'aligner avec ma déclaration. Quelques semaines auparavant j'ignorais tout du métier de coach et je me retrouvais soudain avec cette maman devant moi. Cette femme, je l'avais déjà croisée plusieurs fois dans la cour de l'école, nous avions déjà discuté de nos enfants, mais c'était seulement ce jour-là que je découvrais son métier ! Était-ce une rencontre du destin ? Le seul souci, c'est qu'elle me demandait d'investir 2 000 dollars pour ses services. Je me souviens avoir été tétanisée par cet investissement car je n'avais pas vraiment cet argent. Je ne me voyais pas demander à mon mari (qui travaillait très dur à l'époque) de dépenser une telle somme. Je culpabilisais. J'envisageais même pendant un temps de remettre à plus tard mon projet. Je me souviens lui avoir répondu : « Je suis désolée mais que je n'ai pas cet argent. » Et je me souviens très précisément de sa réponse très sereine : « Est-ce vrai ? » Je la trouvais bien culottée de venir remettre en cause ma situation financière ! Elle poursuivit par ce qui me semblait être une sorte d'agression : « Est-ce que tu n'as vraiment pas l'argent ou est-ce que tu penses que c'est trop risqué d'investir en toi et dans ce projet ? » Waouh ! Elle avait réussi à toucher là où ça faisait mal ! Elle avait raison. J'avais bien 2 000 dollars sur un compte d'épargne en France, mais j'avais peur. J'étais pleine de croyances qui m'interdisaient de toucher à cet argent : « l'épargne ça ne se dépense pas », « dans la vie on est censé économiser pour ensuite s'acheter une maison ou payer les études des enfants, non ? », etc. À ce moment-là, je me suis souvenue de ma déclaration, de cette vibration et de la chair de poule que j'avais ressentie à la découverte du métier de coach.

J'ai alors fait le choix d'avancer et de poser un acte à la hauteur de ma déclaration. Cet argent était à moi, alors j'ai fait un virement et je me suis engagée. Ma déclaration est ce qui m'a permis de voir ensuite la possibilité, c'est elle qui m'a donné l'audace de faire ce grand pas et de m'engager. Ces 2 000 dollars furent le premier bel investissement que j'ai pu faire en moi (et pas le dernier !). Depuis j'investis régulièrement dans mon développement personnel et je ne l'ai jamais regretté. J'ai toujours appris exactement ce que j'avais besoin d'apprendre, même si parfois ce n'était absolument pas ce à quoi je m'attendais !

Laissez-moi vous parler maintenant d'une autre déclaration qui a été capitale dans ma vie.

Il y a quelques années, alors que j'étais chez mes parents en Normandie, une coupe de champagne à la main pour fêter le réveillon, je me suis entendu déclarer : « Cette année, j'écris un livre. » À cette époque, je me souviens avoir eu cette impression bizarre d'être « enceinte » d'un livre. Je sentais que j'avais des choses à dire et un message à partager. Je ne savais pas encore exactement ce que je voulais écrire, mais je savais que cela parlerait de l'importance de célébrer. À cette époque, j'étais une coach quasi inconnue, noyée parmi tous les autres coachs de l'annuaire. Ma petite voix rabat-joie me disait : « Franchement, pour qui tu te prends », et pourtant je sentais qu'il était temps. J'étais « enceinte » d'un livre, je le sentais au fond de moi, malgré tous mes efforts pour l'ignorer et il allait bien falloir « accoucher ». À peine rentrée chez moi en Californie, j'ai reçu un message d'une femme de mon réseau qui me proposait de m'inscrire à son cours pour apprendre à écrire un synopsis. Vous savez, le synopsis, c'est ce fameux document de quelques pages qui présente un projet de livre, et qu'on dépose solennellement dans une enveloppe en embrassant le timbre et en faisant une prière et des incantations avant de l'envoyer aux éditeurs !

Une fois de plus, je connaissais cette femme depuis plusieurs mois et je trouvais tout de même incroyable que ce soit juste à mon retour, juste après ma fameuse déclaration, qu'elle me contacte. J'avais probablement eu connaissance de ses activités avant, mais cela n'avait pas retenu mon attention. Je peux vous assurer que cette fois-là, quand j'ai lu son mail, elle a eu toute mon attention ! Pourtant, une fois de plus, cette formation avait un coût et la machine à doutes a commencé à se mettre en marche. J'avais mes trois enfants de 8, 6 et 2 ans à la maison, et je me disais que jamais je n'allais pouvoir suivre la formation (et encore moins faire les devoirs entre chaque module). Et pourtant, au fond de moi, je savais que si je ne m'inscrivais pas à ce programme, alors j'allais procrastiner, et justement parce que j'avais des enfants en bas âge à la maison, je trouverais toujours une bonne excuse et je n'arriverais jamais à avancer sur mon projet. Une fois de plus, je devais poser des actes à la hauteur de ma déclaration !

Alors j'ai foncé. J'ai osé rentrer mon numéro de carte de crédit sur le site Internet et je me suis inscrite (gloups !). Ensuite la formation a commencé. Entre chaque module, j'ai fait des échanges de garde d'enfants avec mes amies et j'ai passé des heures à travailler avec mon binôme Tabby dans la bibliothèque de Santa Monica. À cette époque, j'étais sur un projet de livre en anglais qui devait s'appeler

The power of celebration. J'ai travaillé sur ce projet pendant six mois et j'ai abouti à un synopsis et environ 80 pages écrites. Un jour, je me suis retrouvée à sec, je n'avais plus d'idées, je n'arrivais pas à boucler la boucle sur ce projet. Il me manquait quelque chose et je ne savais pas quoi. Plusieurs professionnels de l'édition m'avaient conseillée et me poussaient à trouver un angle différent. J'essayais de réorienter mon livre mais j'avais l'impression d'être en train de forcer les choses. J'ai alors pris la décision de faire une pause. En aucun cas je n'abandonnais ma déclaration d'écrire un livre. Je sentais que j'avais un chemin personnel à faire avant de pouvoir compléter mon ouvrage.

Dix-huit mois plus tard, je prenais la décision de me lancer dans le challenge d'arrêter de râler pour changer ma vie et être le changement que je voulais voir dans le monde. J'ai ouvert un blog qui a ensuite attiré l'intérêt d'un éditeur et c'est ainsi que mon premier livre est né, deux ans et demi après ma déclaration ! Le plus drôle, c'est que mon éditeur n'a pas eu besoin de mon synopsis pour accepter le projet. Je n'ai pas écrit mon livre l'année de ma déclaration, mais c'est bien cette année-là que j'ai commencé à prendre corps dans mon identité d'auteur. Mon livre au final a été écrit en français et non pas en anglais comme je l'avais initialement prévu, et l'angle adopté n'avait finalement plus grand-chose à voir avec l'idée de départ. J'ai fait de beaux détours pour faire aboutir ce projet, mais jamais je n'y serais arrivée si je n'avais pas, un jour, commencé par déclarer ma décision de devenir auteur. Je n'y serais jamais arrivée si j'avais laissé les détours me faire douter de la validité de ma déclaration.

« Vous obtiendrez toutes les réussites que vous êtes prêt à déclarer. »

Gorgia O'Keeffe

Ainsi parfois, et même presque toujours, la réussite n'est pas une ligne droite et directe comme nous avons tendance à le croire.

La déclaration, en annonçant officiellement devant les autres ce que nous voulons ancrer dans nos vies, nous permet de ne pas remettre à plus tard nos projets. Car trop souvent nous avons tendance à nous dire : « peut-être un jour », « ce serait bien mais dans la réalité ce n'est pas possible » ou bien « je vais prier pour l'avoir ». La déclaration, au contraire, nous invite à penser le futur dès maintenant.

Quand nous déclarons, nous ne pensons pas les choses pour plus tard. Nous ne sommes plus dans la dimension du souhait, mais davantage dans la réalité. Nous déclarons comme si la « chose » était déjà en train de se produire. On ne dit pas « j'aimerais écrire un livre » mais plutôt « j'écris un livre ». On ne dit pas « j'aimerais pouvoir voyager plus souvent » mais plutôt « je pars en voyage cette année ».

Le pouvoir de la déclaration est sans limite et je vous encourage vraiment à vous en servir dans votre vie. On peut l'appliquer pour nos grands projets, mais aussi pour les petites choses de la vie. Je l'ai déjà dit et je le répète : quand on déclare, on passe du mode automatique (laisser les choses nous arriver) au mode intentionnel (faire en sorte que les choses nous arrivent).

Ma déclaration pour l'année en cours est : « Cette année sera dansante. » Je l'ai déclaré devant ma famille, devant mes amies et aussi devant mes clients et déjà je vois bien que les choses bougent. Je dois faire de la place dans mon agenda pour aligner ma vie avec ma déclaration et me sentir ainsi en conformité avec mes mots.

La déclaration nous permet de voir toutes les possibilités qui s'offrent à nous pour nous épanouir et révéler notre bonté, et de les saisir. Elle nous permet de savourer tout le potentiel de notre vie en conscience.

Faites le point dans votre vie.

Quelle est cette chose qui a envie d'émerger dans votre vie ? Quel est ce désir qui est dans votre cœur et que vous voulez vraiment mettre dans votre réalité ?

Formulez votre déclaration dans votre *Carnet de pépites* : « Je déclare que... ».

Engagez-vous à la rendre publique, devant qui (vous pouvez la partager avec plusieurs personnes) et quand allez-vous la partager ?

CONCLUSION

Au début, quand j'ai commencé à célébrer, affirmer et déclarer dans ma vie, j'ai ressenti beaucoup de résistances. Tout d'abord parce que ça fait drôle de parler de ce qui va bien et de ce qui est possible. On a tellement l'habitude de parler de ce qui va mal et de se mettre en position de victime qu'au début on a l'impression d'être un extraterrestre qui vient d'une autre planète ! On a l'impression d'apprendre à parler une langue étrangère et on a peur que les autres ne comprennent pas de quoi on parle. On a peur d'être en marge et que les autres soient mal à l'aise avec notre manière de voir les choses. C'est difficile de prendre ses distances par rapport à la tribu des râleurs et des victimes, car la nature humaine fait que nous avons tous profondément besoin d'être en lien les uns avec les autres.

Souvent on n'ose pas célébrer, affirmer et déclarer parce qu'on a peur de ce que les autres vont penser. On a peur qu'on nous prenne pour des illuminés, des idéalistes, des personnes qui sont déconnectées de la réalité.

J'ai moi-même ressenti beaucoup de résistances à déclarer, car au fond de moi je me disais : « N'importe quoi ! Je connais mes failles et mes faiblesses ! Qui suis-je pour oser prétendre à de telles possibilités dans ma vie ? » Je me demandais aussi : « Comment puis-je oser affirmer des choses positives alors qu'il y a autant de négativité autour de moi ? » Une part de moi avait peur d'être hypocrite ou naïve. Je n'avais vraiment aucune envie d'être cette personne qui dit des choses vides de sens, déconnectées de la réalité ou fausses.

Et pourtant, je suis maintenant convaincue du pouvoir de mes mots sur ma vie, et je vois mes déclarations comme un moyen de dire haut et fort ce en quoi je crois et ce à quoi je veux que ma vie ressemble. Si je veux une vie pleine d'amour, d'épanouissement et d'abondance, alors j'ai le pouvoir de me servir de mes mots pour proclamer l'amour, l'épanouissement et l'abondance.

Oui, nous avons sans cesse des « preuves » que le monde peut être mauvais. Oui, nous pouvons constater que nous avons tous des faiblesses, que nous ne sommes pas parfaits, mais est-ce que cela justifie que nous ignorions l'énorme potentiel de bonté qui est en chacun de nous et l'immense beauté qui est autour de nous ? Nous pouvons choisir de mettre notre attention sur le bon qui est en nous et sur le bon qui est en chacune des personnes que nous rencontrons. Nous pouvons faire le choix de rayonner cette confiance dans la vie et dans la nature humaine (y compris notre propre nature). En choisissant de mettre le bon au cœur de nos conversations, nous permettons alors à ce bon d'apparaître et de rayonner dans notre réalité.

PRINCIPE N° 4

JE PRENDS SOIN DE MA SOURCE

CE QU'IL **FAUT** SAVOIR

Cet ouvrage s'adresse aux personnes qui ont envie de vivre leur vie réveillées, aux personnes qui ont envie de prendre leur vie en main, de s'accomplir et de saisir toute la beauté et tout le potentiel de leur vie. Je vous ai invité plusieurs fois dans ce livre à écouter ce qui vous fait vibrer dans votre vie, à laisser vos talents se révéler, à laisser votre lumière rayonner, à vous donner la permission d'être tous les jours un peu plus vous-même dans votre brillance, votre pertinence et votre unicité.

C'est vraiment une décision à prendre tous les matins que de laisser sa lumière rayonner, car le monde est parfois décevant avec ses scandales, ses drames, ses catastrophes. La crise, la morosité et l'austérité nous envahissent et c'est souvent difficile de voir ce qui reste possible, d'avoir confiance, d'avoir envie d'avancer, d'avoir de l'espoir. Nous pouvons rapidement nous sentir écrasés par le poids des mauvaises nouvelles, découragés par l'ampleur de toutes ces choses qui ne vont pas dans le bon sens, ou limités par les peurs des personnes qui nous entourent. En plus de cela, nous doutons énormément de nous-mêmes, ce qui n'arrange rien.

Si nous voulons faire partie de ceux qui refusent d'être victimes, qui veulent célébrer la beauté de la vie, qui veulent nourrir leurs projets, qui veulent devenir acteurs du monde de demain, alors nous ne pouvons pas nous permettre de nous laisser envahir par la négativité ambiante. Nous ne pouvons pas nous permettre de laisser notre horizon se fermer. Nous ne pouvons pas nous permettre de plier sous le poids de nos doutes et de la pression de notre stress. Nous devons absolument nous donner les moyens d'entretenir et de nourrir notre espoir, notre intuition, notre créativité et notre inspiration.

Pour oser être brillants, pour oser poser des actes à la hauteur de nos ambitions, pour oser célébrer, affirmer et déclarer, il est vital d'apprendre à prendre soin de notre source, berceau de notre flamme intérieure. Cette flamme est la flamme de notre cœur et de notre âme. C'est elle qui nous fait vibrer, c'est elle qui nous parle, qui nous guide pour activer nos talents. C'est elle qui nous permet d'être inspirés et de voir tout le bon et l'immensité des possibles qui nous entourent.

« Il ne s'agit pas, bien sûr, d'opposer à ce catastrophisme permanent, un angélisme béat et naïf, mais de sortir de l'alternative stérile entre attitude "pessimiste" ou "optimiste" face à l'avenir, et de la remplacer par une approche réaliste, lucide, pragmatique et constructive. Car des faits positifs existent, en masse, dans la vie quotidienne du monde : découvertes déterminantes pour le futur, créations collectives, solidarités, générosités, bénévolat, liens transculturels, etc. Il faut aussi savoir les mettre en avant. La mémoire n'est pas seulement mémoire de survie, elle est aussi mémoire de création. Les faits positifs, reliés entre eux, nous aident à avoir l'envie de construire demain, les mois qui viennent, l'avenir. »

Joël de Rosnay

Ces dernières années, j'ai vraiment pris conscience que si je ne prenais pas soin de ma source, personne ne le ferait à ma place ! Je dois en prendre soin comme si c'était mon plus beau trésor. Je ne peux pas me permettre de laisser les autres éteindre ma flamme avec leurs peurs, leurs doutes, leurs craintes et leurs angoisses, sinon je peux être certaine que petit à petit mon inspiration, mon intuition et mon espoir vont disparaître, et je vais me retrouver anéantie à vivre ma vie à moitié endormie.

J'ai vraiment pu comprendre que les optimistes ne sont pas des utopistes comme on peut avoir tendance à le croire. Au contraire ! Ce sont eux qui ont le plus de chances de changer le monde car ils pensent que c'est possible. Tandis que les pessimistes, eux, certains qu'il n'y a pas de solutions à leurs problèmes, mettent toute leur énergie à accuser les autres.

Si je veux vivre ma vie pleinement réveillée, si je veux voir le bon et les possibilités, si je veux célébrer et mettre à l'honneur cette merveilleuse vie qui m'est donnée, alors je dois prendre la responsabilité de me protéger et de prendre soin de cette flamme riche et positive qui est en moi, pour que non seulement elle ne meure pas, mais encore plus qu'elle puisse grandir et rayonner au-delà de ce que je crois possible.

Pour alimenter ma source intérieure et entretenir ma flamme, j'ai tout d'abord compris qu'il était de ma propre responsabilité de contrôler et de choisir ce qui rentre dans mon champ de conscience. J'ai aussi découvert la magie qui pouvait se produire dans ma vie quand j'arrivais à m'entourer de personnes qui m'inspirent et qui me donnent des ailes. J'ai enfin pris conscience de l'urgence que j'avais dans ma vie de créer un espace sacré qui puisse me permettre de me reconnecter avec mon intériorité. Tout un programme que je vais vous présenter dans les pages suivantes.

Je dois bien avouer que prendre soin de ma source n'est pas toujours facile car le tourbillon de mon quotidien (et parfois, c'est vrai, ma flemme ou mes mauvaises habitudes) me détourne parfois de mes belles intentions. C'est pourquoi j'ai dû aussi apprendre à mettre la discipline au cœur de ma vie, et c'est vers elle que je reviens tout le temps quand je veux retrouver joie, puissance et sérénité. Ce que je fais entrer dans mon mode de vie peut soit éteindre ma flamme, soit la nourrir. Et c'est à moi de choisir.

* Je sélectionne ce qui rentre dans mon champ de conscience

Quand nous nous levons le matin avec un radioréveil qui annonce des scandales de fraude fiscale ou le choc d'un nouvel attentat, qu'un peu plus tard dans notre voiture la radio nous parle d'austérité et d'enfants kidnappés, et qu'enfin le soir, juste avant le dîner, la télévision nous informe que nos assiettes sont empoisonnées et qu'un fou a tiré sur des enfants dans une école de quartier, comment pouvons-nous continuer à croire en l'humanité ?

La négativité est partout : à la radio, à la télévision, dans les journaux, dans les conversations au bureau et sur les réseaux sociaux. Nous sommes conditionnés à vivre dans un état permanent de peur, de manque et de limitation.

De surcroît, j'ai pris conscience que ces informations qui parfois nous semblent si importantes sont souvent finalement des informations que nous oublions en quelques jours. Le dernier scandale est remplacé par le suivant et la spirale si captivante ne s'arrête jamais.

Nous passons plusieurs heures par jour devant la télévision à nous laisser gaver. Nous nous perdons dans des journaux qui nous apportent plus de polémiques que d'informations. Sur Internet, nous visitons des sites pour nous distraire de la morosité de notre vie et nous nous laissons absorber par la vie des autres sur les réseaux sociaux. Comment pouvons-nous alors penser que nous sommes capables de construire une société meilleure ?

« Ce que vous lisez quand vous n'êtes pas obligé (par loisir ou passion) détermine ce que vous êtes (sans en être conscient). »

Oscar Wilde

Ce que je constate, c'est que toutes ces informations que j'entends à la radio, au journal de 20 heures ou dans les journaux m'amènent à vivre ma vie dans un climat de peur. J'ai l'impression que je dois toujours faire attention, que je dois constamment me protéger (et protéger mes enfants). Je me retrouve à craindre cette vie, à craindre les autres et surtout à perdre espoir et à douter. Je me retrouve anéantie et immobilisée par toute cette anxiété.

Je voudrais vous inviter à prendre conscience que nous ne sommes pas obligés de nous laisser gaver (oui gaver !) par toute cette négativité. Nous pouvons fermer les magazines polémiques, éteindre la radio, mettre la télévision au garage et choisir en conscience quelles informations nous absorbons.

Les informations ne reflètent pas la réalité du monde

Je voudrais vous éclairer sur un fait. Les « nouvelles » par définition sont censées parler de ce qui est nouveau, n'est-ce pas ? Elles doivent parler de ce qui sort de l'ordinaire, de ce qui est différent, de ce qui est anormal. Or j'ai finalement récemment pris conscience que les bonnes nouvelles sont souvent moins incroyables, moins sensationnelles... finalement plus normales ; c'est pourquoi les médias n'en parlent pas. Ainsi, l'homme politique malhonnête sera en première page tandis qu'on ne parlera pas de tous les élus honnêtes et intègres, car au fond c'est normal : ils font ce qu'on attend d'eux alors nous n'avons pas forcément besoin d'en parler.

La normalité ne rentre pas dans le cadre de l'information. Ce que je dis là n'est pas un jugement, juste une réalité. On s'attend à ce que les gens agissent en accord avec leur intégrité, on s'attend à ce que l'école soit un lieu sûr pour nos enfants, on s'attend à ce que tous les êtres humains puissent vivre leur vie avec respect et dignité... Alors finalement, toutes ces choses qui vont dans le bon sens ne sont pas relayées par les médias et même si cela l'était, je ne suis même pas certaine que nous prendrions le temps de les lire.

Évidemment quand quelque chose de positif, d'incroyable, d'exceptionnel et d'important arrive, les médias de masse vont en parler. Ils parleront de la grande avancée médicale (en espérant qu'ils n'insistent pas trop sur la menace inébranlable de la maladie), ils parleront du lancement de la dernière fusée et de la découverte d'une nouvelle planète, mais globalement les nouvelles sont par nature destinées à rester négatives parce que ce qui est positif est encore (heureusement) ce que nous considérerons comme normal (et ça finalement c'est plutôt une bonne nouvelle non ?).

Il y a aussi quelques médias positifs qui essaient de voir le jour pour informer plus largement le public des nombreuses initiatives ou bonnes nouvelles de ce monde, mais ils peinent énormément à prendre de l'ampleur et à développer leur audience car – nous devons bien l'admettre – nous sommes souvent déjà trop occupés pour nous intéresser aux informations qu'ils diffusent.

Oui, nous sommes tous très occupés, nous avons des journées trop courtes et trop de choses à gérer, alors les médias ont besoin de nous « frapper » pour que nous nous arrêtions et que nous nous intéressions à ce qu'ils nous proposent. Ils ont besoin d'attirer notre attention. C'est ce qui explique les titres exagérément percutants en première page des journaux. Les médias ont besoin de nous choquer pour nous extraire de ce que nous sommes en train de faire et nous amener à eux.

Allez-vous prendre le temps dans votre journée déjà bien remplie de lire un article qui parle de la beauté de la vie ? Non ! Cela vous intéresse peut-être mais le fait est que franchement vous n'avez pas le temps. Tandis que si vous tombez sur un article qui parle d'un enfant disparu ou d'un scandale politique, alors vous allez vous laisser absorber. Je le sais car je me laisse moi-même très souvent absorber par les titres percutants des médias, notamment sur les réseaux sociaux. Je suis en train de travailler sur un projet important et je me retrouve sur Internet à lire un article choquant sur un trafic d'enfants !

Le fait est que le modèle financier de l'industrie des médias est basé sur la vente d'encarts publicitaires et si le lectorat ou l'audimat ne sont pas au rendez-vous, alors les journalistes ne peuvent plus faire leur métier. De surcroît, ce qui est embêtant c'est qu'ensuite on peut être amené à penser que cette négativité bénéficie aussi aux annonceurs car, une fois accablés par nos doutes et nos peurs, nous allons consommer (plus de médias, de gadgets ou de médicaments...) pour oublier ou combler notre sentiment d'impuissance (C.Q.F.D.).

De plus, la nature même de l'actualité étant de nous dire ce qui « vient de se passer », je regrette parfois la place prédominante des scoops dans les médias. Car la plupart du temps, nous n'avons absolument pas assez d'éléments pour digérer et comprendre réellement ce qui est en train de se passer. Et avant même que nous ayons pu faire ce travail d'analyse et de digestion, le jour suivant se lève avec son nouveau lot de drames et de scandales.

Attention, je ne dis pas ici que les médias ne servent à rien. Ce sont bien les journalistes qui, de par leur travail d'investigation, découvrent certaines choses importantes et nous informent sur des dérives que nous ne pouvons pas tolérer. Ce que je dénonce surtout, c'est la place sacrée que nous avons donnée dans nos vies à l'actualité et aux scoops. Notre attention est captée par les détails lugubres du dernier scandale ou du dernier drame. Nous sommes concentrés à pointer du doigt les coupables et à plaindre les victimes mais nous passons à côté de la vraie opportunité de comprendre en profondeur ce qui a permis à ce drame de se produire et de prendre nos responsabilités pour éviter qu'il ne se reproduise.

Notre cerveau ne peut pas absorber autant de négativité

Souvent quand je suggère de prendre de la distance par rapport aux « mauvaises » nouvelles, on me dit que c'est important d'être informé et de savoir ce qui se passe pour mieux appréhender le monde. Nous sommes curieux et vraiment intéressés par ce qui se passe autour de nous, c'est vrai. Et nous voulons savoir pour alimenter notre culture générale (ah ! cette fameuse culture générale qui nous fait donc tellement culpabiliser car on a toujours l'impression que les autres en ont plus que nous !).

Notre soif de savoir répond aussi à notre instinct de survie. En effet, notre cerveau est programmé pour être en alerte et nous protéger (nous et ceux que nous aimons) des dangers qui nous entourent (l'animal qui rôde la nuit, l'ennemi qui convoite notre bien). Ainsi depuis la nuit des temps, nous nous intéressons à ce qui se passe dans notre communauté pour pouvoir ajuster nos comportements et rester en sécurité, et tout simplement vivre en société.

D'une manière générale, il y a en permanence autour de nous des mauvaises nouvelles qui tombent (catastrophes, décès, comportements déviants de certaines personnes, etc.), mais finalement quand on regarde cela à l'échelle d'une communauté ça reste relativement marginal. Le problème aujourd'hui, c'est qu'en seulement quelques décennies, avec le développement des médias et d'Internet, nous nous retrouvons à capter des informations non plus seulement à l'échelle de notre communauté mais à l'échelle du monde entier ! Le docteur Chozen, dans un article de l'American Pediatric Association, nous dit que nous sommes passés d'absorber des nouvelles d'une communauté de 10 à 100 habitants à absorber les malheurs de millions de personnes. Elle pense que notre cerveau n'a tout simplement pas encore pu s'adapter.

Nous sommes de surcroît exposés à de plus en plus d'images et de films qui nous donnent l'impression de vivre en direct les faits dramatiques comme s'ils se produisaient dans notre jardin. Et toute cette souffrance rentre brutalement dans notre vie. Ceci expliquerait le niveau inquiétant d'anxiété ambiant, et tout particulièrement chez les enfants qui ont un cerveau encore plus fragile.

Notre cerveau n'est pas fait pour absorber un tel niveau d'informations négatives. Cela nous angoisse, cela nous fragilise et nous fend le cœur, et au final nous n'arrivons plus à fonctionner normalement (d'où sans doute l'importante augmentation de la consommation d'antidépresseurs).

Pourquoi avons-nous un tel besoin de savoir ?

J'en suis arrivée à me demander moi-même pourquoi j'avais absolument besoin de « savoir » tout ce qui va mal dans le monde. Finalement je n'ai pas l'impression que le fait de connaître les malheurs du monde entier me permette vraiment de me protéger. Je ne suis même pas certaine que cela puisse me permettre de vivre mieux.

J'ai pris conscience en fait que souvent je ressentais le besoin de me tenir informée des malheurs du monde car le fait de ne pas savoir me donnait l'impression d'être égoïste. Je me disais : « Si je ne sais pas, peut-être que cela veut dire que ça m'est égal que d'autres personnes puissent souffrir ? » Finalement parfois, nous avons envie de savoir car cela nous permet de montrer notre compassion, cela nous permet de nous connecter avec notre humanité. Et c'est peut-être pour cela qu'on se retrouve à échanger sur tous les malheurs du monde autour de la machine à café.

Par contre, j'ai réalisé que le fait de « savoir » ne m'amenait pas pour autant à passer à l'action. En fait, toutes ces mauvaises nouvelles nous amènent à nous sentir mal, elles occupent notre esprit et finalement nous paralysent plutôt qu'autre chose.

Quand l'information empêche l'action

Dans un article passionnant « Overcoming news addictions », Steve Pavlina m'a ouvert les yeux sur un constat profondément perturbant. Savez-vous que si nous passons trente minutes par jour à nous informer (en regardant la télévision, sur Internet, en écoutant la radio ou en lisant les journaux), cela revient à passer 182,5 heures par an, soit 23 journées de 8 heures, c'est-à-dire l'équivalent d'un mois de travail par an !

Un mois pendant lequel, sous prétexte de vouloir se connecter avec le monde, nous nous sommes laissé en partie gaver (sans agir) et nous sommes passés à côté de notre vie et de ce que nous aurions pu accomplir pour la rendre meilleure.

Ne pensez-vous pas que nous pourrions satisfaire notre grand besoin d'être connecté avec l'humanité si nous arrivions à consacrer plus de temps à activer notre brillance pour contribuer au monde, à profiter avec gratitude de toutes ces choses merveilleuses que notre humanité a créées, à passer du temps avec nos proches ?

J'ai vraiment pris conscience dans ma vie de toutes ces fois où je laissais les médias (et notamment tout particulièrement Internet) me distraire et me détourner de mes beaux projets. Toutes ces informations que je laissais rentrer dans ma conscience remplissaient finalement tout mon espace mental et je n'avais plus de vide pour créer. À un tel point que j'avais au final développé une profonde intolérance au vide. Dès qu'il y avait une baisse dans mon activité ou dans mes réflexions, je ressentais comme un malaise et je devais immédiatement regarder mon téléphone, ma boîte mail ou aller visiter les réseaux sociaux. J'avais tellement pris l'habitude que mon cerveau soit « activé » par les médias que j'étais petit à petit en train de perdre ma propre capacité à l'activer moi-même.

Je vous donnerai des outils pour faire un bilan de votre consommation médiatique et des exercices pour vous « challenger » à consommer autrement (p. 202) !

* Je choisis les personnes qui m'entourent

S'il y a bien une leçon précieuse que j'ai pu apprendre ces dernières années, c'est l'importance de m'entourer de personnes qui me soutiennent, qui voient le bon qui est en moi quand je me retrouve à douter, qui sont capables de porter ma vision quand j'ai l'impression d'être dans le brouillard le plus complet.

Quand j'ai commencé mon blog « J'arrête de râler », plusieurs personnes sont venues à moi pour me dire qu'elles ne voyaient pas l'intérêt de mon challenge. D'autres m'ont donné l'impression dans leur propos que mon challenge était gentillet, et j'ai eu l'impression de ne pas être prise au sérieux. Je n'accuse personne ici, je partage surtout ce que j'ai ressenti, et ce que j'ai ressenti m'appartient évidemment.

Je pense qu'il y a des personnes dans notre vie qui nous coupent un peu les pattes, qui nous stoppent dans notre élan et qui nous font douter (alors qu'on doute suffisamment assez tout seul). Nous avons tous en nous certaines zones sensibles au niveau de notre estime de soi, et certaines personnes peuvent parfois tenir des propos qui nous heurtent et nous font vaciller.

> *« Entourez-vous des rêveurs et des faiseurs, les croyants et les penseurs mais plus que tout, entourez-vous des personnes qui voient la grandeur qui est en vous, même quand vous ne la voyez pas vous-même. »*
>
> **Anonyme**

Ce que j'ai compris, c'est que nous ne pouvons pas toujours choisir les personnes qui sont présentes dans notre vie. Nous ne pouvons pas non plus contrôler ce que les autres vont nous dire. En revanche, ce que nous pouvons tous faire, c'est de nous assurer que nous avons au moins autour de nous un noyau solide de personnes qui voient notre brillance, qui nous donnent des ailes, qui nous entourent de bienveillance ou qui viennent nous titiller exactement où il faut, non pas pour nous faire vaciller mais pour nous catapulter dans notre vie.

Un élément essentiel de ma vie maintenant est de m'entourer de personnes qui savent me poser les bonnes questions (des questions qui ouvrent des portes et non pas l'inverse), des personnes qui elles aussi sont en chemin pour révéler leurs talents et contribuer au monde. J'ai un besoin vital de m'entourer de personnes inspirées et inspirantes, de personnes passionnées et passionnantes, de personnes qui osent poser des actes à la hauteur de leurs ambitions tout en laissant leur cœur et leur âme les guider.

Je suis convaincue que, sans ces personnes autour de moi, je serais incapable d'accomplir la moindre chose. Quand j'échange avec elles, quand je les écoute, quand je suis témoin de leur chemin, des risques qu'elles prennent et de leurs actions, j'ai envie d'avancer moi aussi, j'ai envie de voir plus grand, j'ai envie de créer et d'innover, j'ai envie d'oser me dépasser. Il n'y a rien de plus inspirant que d'écouter une personne qui est passionnée par ce qu'elle fait. Cela me donne envie, moi aussi, de me concentrer sur ce qui me fait vibrer.

Ces personnes que je choisis de garder près de moi peuvent m'encourager, elles peuvent aussi me donner des conseils, me suggérer un livre à lire, une conférence à écouter, un documentaire ou un film à ne pas manquer, etc. Grâce à elles, je peux ainsi continuer à apprendre, découvrir de nouvelles choses, m'épanouir et m'ouvrir l'esprit. Parce que ce sont des personnes que je respecte et que j'admire, j'accorde une valeur toute particulière à tous leurs conseils et suggestions.

Il est également essentiel pour moi de pouvoir de temps à autre parler de mes projets à une personne qui m'écoute vraiment. Je vous ai expliqué dans le Principe n° 3 (voir p. 137) que « mes mots créent ma réalité ». C'est vraiment une croyance qui est profondément ancrée en moi. Quand je peux parler de mes projets avec une personne bienveillante (ou un groupe de personnes), cela me permet de débroussailler mes idées et de progressivement les affiner et les améliorer. Je crois véritablement que mon génie vient à moi par la parole (c'est peut-être un trait féminin qui sait ?). J'ai besoin de pouvoir échanger, de pouvoir partager mes idées et cela n'est possible que si j'ai en face de moi une personne qui ne va pas rejeter, renier ou dénigrer ce que je suis en train de dire. J'ai besoin qu'on me questionne, qu'on me donne du feedback constructif, qu'on me force à clarifier mes idées pour pouvoir les faire avancer. J'ai besoin de quelqu'un qui m'aide à pointer du doigt ce qui est bon dans mon projet pour que je puisse développer ce qui va dans le bon sens, plutôt que de parler à quelqu'un qui va uniquement pointer le manque d'analyse de mon idée ou la longue liste de tous les obstacles que je vais rencontrer.

> *« Entourez-vous uniquement des personnes qui vont vous tirer vers le haut. »*
>
> **Oprah Winfrey**

Peut-être est-ce différent pour vous, mais si je garde mes idées dans ma tête, alors je n'arrive pas à les transformer en quelque chose de concret dans ma vie. Je garde un fouillis non construit qui au final me pollue le cerveau et je ne sais plus par où commencer. Pour moi, commencer, c'est d'abord parler. Mais je fais attention de ne pas parler à n'importe qui ! Ce serait suicidaire de parler d'une idée à quelqu'un qui – on le sait – ne nous fait pas suffisamment confiance, à quelqu'un qui voit nos faiblesses plus que notre grandeur, à quelqu'un qui va préférer nous « protéger » en invoquant toutes sortes d'obstacles. Quand je parle à la bonne personne, à l'issue de mes conversations, je suis en mesure de conserver certaines idées et d'en abandonner d'autres, non pas parce qu'elles me font douter, mais parce qu'elles ne me font plus suffisamment vibrer.

Histoire de Gaëlle

Gaëlle a récemment participé à un de mes programmes de coaching de groupe. Lors d'une de nos rencontres bimensuelles, elle partageait avec le groupe son engagement à avancer sur sa zone de brillance. Elle expliquait au groupe comment elle se retrouvait souvent confrontée à ses propres peurs et à ses limites tout en étant bien décidée à les dépasser.

Alors qu'ensemble nous cherchions des réponses à ses plus grands questionnements, elle a fini par dire : « Le plus dur, c'est que mon entourage commence à me faire douter. Au lieu de me soutenir et de me redonner confiance en moi, chacun me conseille de tout arrêter et de rentrer à nouveau dans le moule de la conformité (moins risqué aux yeux de tous). Ce n'est pas du tout ce que j'ai envie ni besoin d'entendre. »

Notre inspiration est précieuse mais aussi fragile. Il est de notre responsabilité de la nourrir et de la protéger.

Gaëlle a compris ce jour-là qu'il lui fallait s'entourer de personnes de qualité qui lui permettraient plus facilement d'atteindre ses objectifs, plutôt que de se résoudre à les revoir à la baisse en laissant les doutes des autres prendre le dessus.

Je crois sincèrement que pour vivre ma vie pleinement réveillée, je dois impérativement tout faire pour m'entourer des bonnes personnes, et cela relève de ma responsabilité.

Voici les qualités que je recherche dans les personnes que je choisis de mettre au cœur de ma vie.

Des personnes qui m'inspirent

Je m'assure d'avoir autour de moi des personnes qui m'inspirent. Ce sont les passionnées, les inspirées, les audacieuses. Ce sont les personnes qui avancent dans leur propre vie, qui osent et qui agissent pour contribuer au monde, et qui réussissent. Souvent ce sont des personnes qui sont « en avance » sur moi. Elles sont parfois plus âgées ou du moins elles ont accumulé des expériences qui leur donnent une certaine aura à mes yeux. Personnellement, je les considère un peu comme des maîtres ou des mentors.

Dans le passé, me comparant à elles, je pouvais me sentir petite et insignifiante, mais j'ai maintenant compris que je devais apprendre à laisser leurs accomplissements m'inspirer et me guider. J'ai appris à transformer la comparaison en inspiration. Ainsi, quand je me sens « moins bien » qu'une personne, je cherche désormais à me laisser « inspirer » par ce que cette personne a accompli.

Ce sont souvent des personnes qui ont déjà atteint une certaine notoriété, alors je vais les écouter en conférence, je lis leur livre ou leur blog, je m'inscris dans leur séminaire. J'essaie tant que je peux de me rapprocher d'elles et de rentrer dans leur cercle pour apprendre et m'inspirer de leur état d'esprit et de leurs enseignements afin que je puisse, à mon tour, les mettre en œuvre dans ma vie.

Des personnes qui sont sur le même terrain de jeu que moi

Je m'assure aussi d'avoir autour de moi des personnes qui sont sur le terrain de jeux de la vie comme moi, et qui n'ont pas froid aux yeux. En ce qui me concerne, ces personnes sont souvent des entrepreneurs car c'est le milieu dans lequel j'évolue.

J'ai fait le choix, il y a maintenant plus de deux ans, de prendre un bureau dans un espace de *coworking* (réseau d'entrepreneurs encourageant l'échange et l'ouverture) car je commençais à me sentir isolée à force de travailler seule dans le beau bureau que j'avais installé dans ma maison. Mon bureau chez moi était lumineux et calme avec vue sur le jardin, mais à la longue je sentais que je commençais à tourner un peu en rond « dans mon petit monde », et je sentais que cela m'empêchait de me développer et de découvrir de nouvelles choses. Dans cet espace de *coworking*, je rencontre des gens de tous milieux, passionnés, qui évoluent dans des domaines très variés. Je m'entoure de personnes qui avancent sur des projets aussi fous que passionnants. Je peux avoir avec eux des conversations que je n'aurais jamais eues dans un cercle relationnel plus réduit.

Ces personnes sont également de bon conseil quand j'ai de nouveaux besoins qui émergent pour faire avancer mes projets. Elles peuvent me mettre en relation avec leur comptable, leur banquier, leur avocat. Elles me font profiter de leur réseau et de leur expérience.

Toutes ces personnes sont comme moi, sur le terrain de la vie avec leurs imperfections en train d'essayer de contribuer à la société. Elles savent que le seul moyen d'avancer c'est d'oser, et quand je les vois faire, cela me donne du courage pour en faire autant, et inversement.

J'ai également à plusieurs reprises rejoint, pour me soutenir dans mes projets, des groupes MasterMind. Ces groupes permettent à plusieurs personnes de faire le point régulièrement sur leur projet (une à deux fois par mois idéalement) avec le soutien et l'accompagnement d'un coach. On peut y parler de nos réussites mais aussi de nos plus gros obstacles. L'objectif premier de ce genre de groupes est de trouver des solutions à nos problèmes et d'avancer de manière consistante et tangible dans nos projets. Le principe des groupes MasterMind est qu'en mettant plusieurs cerveaux ensemble, on peut accéder à une intelligence supérieure. Ces groupes ont eu un tel impact dans ma vie que j'ai fait le choix d'accompagner moi-même certaines personnes dans le cadre de mes activités de coach.

Ce que je trouve particulièrement riche dans le fait de s'entourer de personnes qui sont elles aussi dans l'action et dans la mise en œuvre de leurs propres projets, c'est que souvent ces personnes savent vous poser exactement la bonne question ou vous partager la bonne ressource qui vous fera avancer.

Témoignage de Christine

J'ai dernièrement ressenti la magie d'être entourée de bonnes personnes lors de ma dernière conférence TEDx. Je devais préparer un discours qui allie expérience personnelle, expertise, légèreté et puissance… et le tout en dix-huit minutes maximum. Je devais le préparer en anglais et en français ! Le challenge était donc double pour moi.

Deux semaines avant le grand jour, j'ai été prise de panique. Préparer mon discours était déjà un objectif qui me faisait sortir de ma zone de confort mais en plus le faire dans deux langues s'avérait être beaucoup plus difficile que je l'avais envisagé. J'avais beau être bilingue – mon discours en français était presque au point – au moment d'aborder la version anglaise, j'étais stupéfaite de constater que les mots ne sortaient pas de ma bouche. C'était comme si toute une partie de mon cerveau n'arrivait pas à s'activer, et je me retrouvais incapable d'exprimer clairement mes idées. À chaque fois que j'essayais, j'étais comme bloquée et je n'avais qu'une envie, c'était de fuir, d'aller faire du shopping ou de manger du chocolat pour compenser !

C'est alors que j'ai pris la décision de demander de l'aide et du soutien à mes collègues de mon espace de coworking. *J'ai fixé une date, j'ai réservé une salle de réunion et j'ai envoyé un e-mail à tout mon réseau pour leur annoncer que dans 72 heures je ferais mon discours en anglais à la pause déjeuner, et que j'avais besoin de leurs conseils pour m'aider à progresser. Au moment d'envoyer mon message, j'étais terrifiée car je n'étais pas du tout prête (mais alors vraiment pas !), mais je savais qu'en me mettant en situation avec un vrai public, j'allais être obligée de relever mon challenge.*

Je savais aussi que mon public serait plein de bienveillance et qu'au final ma vulnérabilité m'amènerait à progresser. Ce que je ne savais pas, c'est qu'à peine cinq minutes après avoir envoyé mon e-mail, j'allais recevoir une multitude de messages de félicitations et d'encouragements de mes collègues entrepreneurs qui comprenaient mon stress et qui me soutenaient. Rien que le fait de les savoir tous derrière moi alors que je me sentais au fond du trou et franchement minable, j'ai ressenti une nouvelle vague d'espoir déferler.

Je me suis mise au travail et j'ai répété, répété, répété, devant mon mari et devant mes enfants qui, je l'avoue, n'en pouvaient plus ! Soixante-douze heures plus tard, ma présentation était quasi achevée. Devant mon public bienveillant, j'ai alors branché mon rétroprojecteur et je me suis lancée. Les participants m'ont guidée, ils ont corrigé mon accent sur certains mots et ajusté mes petites erreurs de vocabulaire. Ils ont pointé du doigt ce qui était bon, et m'ont donné des conseils pour corriger mes faiblesses, tout en me poussant continuellement à aller de l'avant. C'est bien grâce à eux que j'ai repris confiance en moi et que j'ai pu activer ma brillance. ”

Des personnes qui croient en moi quoi qu'il arrive

Je m'assure d'avoir autour de moi des personnes qui croient en moi quoi qu'il arrive. Ces personnes sont pleines de bienveillance, elles ne remettent jamais en question ma bonté, mon intégrité et mes capacités. Ce sont des personnes qui me permettent d'évoluer, d'explorer, d'essayer de nouvelles choses, de prendre des risques car au final je sais que, quoi qu'il arrive, je ne serais pas jugée et je serais toujours aimée.

À leur manière, à plusieurs reprises, ce sont les membres de ma famille qui ont joué ce rôle dans ma vie. Mon mari en premier, mais aussi mes parents, mes beaux-parents, mes frères et sœurs, et tout particulièrement aussi ma belle-sœur Marie-Laure. Je me souviendrai toujours du jour où j'ai animé mon premier séminaire *Wake Up* en France. Marie-Laure était là à mes côtés pour m'assister, et alors que la pression montait de mon côté, je sentais la profonde confiance qu'elle avait en moi et en ma capacité à activer mes talents pour servir les participants. J'ai alors pris conscience que cette confiance infinie est d'une valeur inestimable. Elle donne des ailes, elle permet de pouvoir se recentrer, d'ouvrir son cœur et de rayonner.

À plusieurs reprises dans ma carrière, j'ai aussi fait le choix d'investir dans les services d'un coach pour jouer ce rôle dans ma vie. Je me sentais un peu enfermée dans l'image que j'avais de moi-même et dans le regard que les autres portaient sur moi. Ce n'était pas simple de sortir du « rôle » limité et défini dans lequel je m'étais laissé enfermer, et pas forcément évident d'oser révéler une autre version de moi-même. Qui étais-je pour prétendre que je pouvais être excellente et brillante ? Qui étais-je pour oser prétendre que je pouvais accomplir de grandes choses alors que concrètement je n'avais aucune garantie d'y arriver (car c'est ça la vie !). Cet accompagnement de coaching m'a permis d'apprendre, de créer, d'oser, mais aussi d'approfondir mon intériorité. Finalement, cela m'a permis de découvrir que je pouvais tous les jours être un peu plus moi-même et que c'est justement quand je le faisais que je pouvais accéder à ma vraie puissance authentique.

À ces personnes qui nous font confiance, nous pouvons montrer nos faiblesses et partager nos doutes car nous sommes certains qu'elles n'admettront jamais que nous en fassions notre identité. Elles nous aident à traverser des périodes de doutes en nous montrant toujours la lumière qui est en nous.

Une chose est certaine pour moi : c'est que, sans le soutien des personnes que j'ai personnellement choisies de garder proche de moi dans ma vie – mes mentors, ma famille, mes coachs, mes collègues entrepreneurs, certains de mes amis, les membres des groupes MasterMind auxquels j'ai participé –, je n'aurais jamais pu faire tout le chemin que j'ai pu accomplir ces dix dernières années. Il est important d'avoir dans son cercle proche des personnes qui comptent sur nous et qui prennent le temps aussi de nous rappeler nos réussites et nos accomplissements.

Je vous donnerai des pistes et des exercices pour que vous aussi vous puissiez vous entourer de personnes qui vous poussent à avancer dans vos rêves, des personnes qui ne freinent pas votre élan avec leurs peurs et avec leurs limites (p. 206).

* Je crée de l'espace pour me reconnecter avec ma force de vie

Je voudrais maintenant vous parler du cadeau précieux que nous pouvons recevoir quand nous créons de l'espace pour nous reconnecter avec la force de vie. Quand nous arrivons à faire de la place dans la spirale de notre quotidien pour nous reconnecter avec notre flamme intérieure. Je voudrais partager avec vous les quatre axes qui me permettent d'accéder à cela dans ma vie.

J'apprends à m'immobiliser et à faire du vide

Nos vies sont remplies, remplies de choses à faire, remplies de responsabilités, remplies d'informations, remplies de choses qui viennent à nous presque malgré nous (des messages sur nos répondeurs, des SMS, des e-mails, des alertes sur les réseaux sociaux, des courriers dans nos boîtes aux lettres...). Nous sommes hyper connectés et pourtant souvent complètement déconnectés de nous-mêmes ! Nous vivons à mille à l'heure, nous faisons du multitâche en permanence. Notre quotidien est souvent ingérable, nous jonglons avec nos vies professionnelle et personnelle, et nous sommes nombreux à parfois avoir l'impression que nous allons exploser. Il est aujourd'hui essentiel d'apprendre à faire du vide dans notre vie pour « créer de l'espace » dans nos agendas et aussi dans nos têtes, pour nous reconnecter avec nous-mêmes et la force de vie qui nous habite.

La première manière pour moi de créer de l'espace consiste à adopter une discipline quotidienne pour sortir de ma to do list, pour me déconnecter de la technologie, arrêter de voir toutes les choses qui doivent être rangées ou réparées dans ma maison... Créer de l'espace ici, c'est prendre le temps de s'immobiliser et de s'isoler des agressions ou des stimulations extérieures pour pouvoir se connecter avec l'inaudible et l'invisible de la vie. Cette pratique me permet de retrouver une certaine connexion spirituelle avec la vie.

Je vous livrerai les techniques précises que j'utilise pour pratiquer cet immobilisme dans ma vie (voir p. 208).

Témoignage d'Isabelle

Créer de l'espace…

Parmi tout ce que j'ai appris lors du séminaire Wake Up, *voilà un principe qui est maintenant ancré dans ma vie. Que ce soit par les gestes, par la méditation, par l'isolement, c'est facile à mettre en place. Je le ressens comme une bulle d'air concentrée sur moi qui me permet d'exister et d'accueillir sereinement ce qui va suivre. Je le conseille vraiment.*

J'active la sagesse de mon corps grâce à la danse

Pendant longtemps (trop longtemps), j'ai vécu avec la croyance que mon cerveau était le pilote de ma vie. C'était lui qui décidait, lui qui me permettait d'être intelligente et de prendre les bonnes décisions. Je lui avais en quelque sorte donné les pleins pouvoirs pour diriger ma vie.

Mais pendant mon challenge d'arrêter de râler pendant 21 jours consécutifs, je me suis donné la permission de prendre mieux soin de moi et de faire ce qui me rendait heureuse. C'est ainsi que je me suis remise à danser et que j'ai découvert le NIA. Le NIA est une technique s'inspirant de la danse, des arts martiaux et de la prise de conscience corporelle dont le mot d'ordre est avant le plaisir dans le mouvement (pour en savoir plus, vous pouvez consulter le site www.nianow.fr). Dès mon premier jour sur la piste de danse, j'ai pu ressentir la liberté et la joie profonde d'explorer mes mouvements, de tourner, de virevolter avec grâce et légèreté aux quatre coins de la salle et d'explorer tous les niveaux de mouvement de mon corps.

Danser debout, danser sur le sol, sur la pointe des pieds, les bras en l'air ou allongée par terre, dessiner un sourire avec mon bassin, lever la tête et voir la beauté et la divinité de tous ces corps qui dansaient dans la salle, y compris le mien… j'ai fait ce jour-là une découverte merveilleuse : j'avais un corps ! Et ce corps n'était pas un accessoire. Il n'était pas juste cette chose que je devais garder « en forme » pour correspondre aux critères de beauté. Mon corps n'était pas

« Entre la tête et les pieds de chaque personne il y a un billion de kilomètres de désert sauvage inexploré. »

Gabrielle Roth

juste cette chose qui perturbait mes plans quand il tombait malade. J'étais mon corps et dans ce corps il y avait une sagesse et un potentiel infini que j'avais ignorés depuis des années. Dans ce corps, il y avait de l'amour, de la grâce, de l'espoir, de l'inspiration, de la créativité et de la bonté !

Pendant des années, j'ai cru que mon cerveau était le maître de ma vie et soudain que je prenais conscience que c'était mon cœur qui devait guider ma vie et que je devais remettre mon cerveau à sa place de brillant exécutant des grandes idées de mon cœur.

Oui, mon corps est rempli de sagesse et, quand je prends le temps de me connecter à lui et que j'écoute, il me parle. Ce corps me permet même d'accéder à une intelligence qui est bien plus puissante que mon cerveau seul. C'est personnellement en dansant que j'ai reçu les plus beaux messages de ma vie. C'est en dansant que j'ai eu mes meilleures idées. C'est en dansant que j'ai pu cicatriser mes plaies et faire les deuils de ma vie. Toutes ces choses, mon cerveau seul aurait été incapable d'y accéder.

Nous vivons nos vies assises : assis à table, assis devant nos ordinateurs, assis dans notre voiture, assis devant la télévision, etc. En moyenne un adulte passe entre 50 et 70 % de son temps assis. En restant assis, nous passons à côté de toute la mobilité, toute la flexibilité et toute la sagesse qui est en nous. Si notre corps reste en position figée et coincée toute la journée, non seulement nous risquons de tomber malade, mais nous perdons notre flexibilité vitale (au sens propre comme au sens figuré). À force d'être physiquement figés, nous perdons l'habitude de jouer avec la vie, de nous engager, d'explorer, d'exploiter toutes les possibilités qui nous sont offertes.

La danse peut nous permettre d'explorer la fluidité de notre existence. La danse nous permet de nous reconnecter avec notre beauté, notre puissance et notre humanité, et la certitude que nous faisons partie de quelque chose qui est plus grand que nous. La danse nous permet d'oublier les soucis du passé et les angoisses du futur. Elle nous entraîne à lâcher prise et à explorer les possibilités. Elle est notre accès direct à la paix de l'instant présent et nous permet de réactiver l'espoir qui nous donne des ailes pour vivre notre quotidien.

La danse est une des plus belles pratiques de développement personnel par le mouvement. Osons par la danse faire des pas de côté, des tours et des détours dans la joie de la découverte de l'instant présent. Allons danser nos vies ! Quittons la routine de notre quotidien et allons explorer le mystère de l'espace qui nous entoure en commençant par un pas de danse. Connectons-nous avec la grâce, la beauté et la brillance qui est en nous et ensuite allons partager avec le monde ce que nous aurons laissé émerger en dansant.

Témoignage de Véronique

« *Depuis toujours la danse fait partie des rituels de guérison dans les cultures traditionnelles. En 2001, suite à une maladie, ma vie de femme et de thérapeute basculait, seule la danse me redonnait vie et joie. Voici l'expérience que je souhaite partager avec vous, la plus intime de ma guérison, celle qui me permet d'être la danse-thérapeute que je suis aujourd'hui : un soir d'automne, dans la pénombre de mon studio de danse, je me suis posée dans ma nudité au milieu de la salle, enroulée, comme l'enfant à sa naissance, vulnérable, pour aller à la source de mon être. J'ai mis une musique sensuelle, vibrante, lyrique. J'ai attendu. J'ai senti mon corps blessé se mouvoir doucement, comme une onde qui le traversait, la danse est venue du plus profond de mon être, et alors les larmes se sont mises à couler, mon corps s'est mis à transpirer, larmes salvatrices. Ma danse est devenue joie, beauté, amour et harmonie. J'avais connecté avec mon intime et avec la source de la vie.*

Ce moment unique, c'est celui que je cherche dans tous mes ateliers, celui où le mouvement s'harmonise à l'émotion, et au groupe, celui où la danse devient Joie. (Véronique, la psy qui danse www.akordance.com). »

Je me reconnecte avec la force de la nature

Nous sommes de plus en plus nombreux à vivre et à travailler en ville, entourés d'immeubles, de maisons, de supermarchés et de routes. Nous travaillons en intérieur, devant nos écrans, sous air conditionné, et bien souvent notre unique contact hebdomadaire avec la nature a lieu sur notre balcon (ou dans notre jardin quand nous avons la chance d'en avoir un). Parfois il est vrai, quand nous avons le temps, nous faisons un tour dans le parc ou le jardin public d'à côté.

« La nature ne bat pas tambour lorsqu'elle éclate en fleur, ni ne sonne le glas lorsque les arbres perdent leurs feuilles en automne. Mais lorsque nous l'approchons avec de bonnes intentions, elle a beaucoup de secrets à partager.
Si récemment vous n'avez pas entendu la nature vous chuchoter à l'oreille, alors c'est maintenant le bon moment pour lui en donner l'occasion. »

Osho

Faites un petit effort, souvenez-vous de la dernière fois où vous vous êtes retrouvé en pleine nature (l'été dernier lors d'une randonnée, la semaine dernière pendant une balade en forêt…). Comment vous sentiez-vous ?

Je ne sais pas pour vous, mais pour moi la nature a le pouvoir profond de me calmer et de me recentrer. Quand je suis au milieu de la nature, mon cœur se remplit de gratitude, je peux facilement m'extraire de mes pensées et respirer. Je m'émerveille alors de la beauté et de la magie de la vie. Entendre le bruit du vent dans les branches, observer les formes des feuilles et des fleurs sur le bord du chemin ou la petite grotte magique qui s'est formée dans le tronc d'un arbre, sentir le sol vibrer sous mes pieds, surprendre un animal au milieu d'une prairie, tout cela me fait prendre conscience de la vision limitée que j'ai de la vie.

Yoshifumi Miyazaki est un chercheur japonais reconnu pour ses études scientifiques sur le pouvoir de la forêt et de la nature. Ses études prouvent que passer du temps en forêt permet de réduire notre stress, notre colère, notre fatigue et notre confusion de manière significative. Cela permet aussi de faire baisser notre pression artérielle et notre fréquence cardiaque, de booster notre système immunitaire et même d'augmenter notre production de protéines anti-cancers. La forêt a le pouvoir de réduire les symptômes de la dépression et d'augmenter notre vigueur psychologique (« Science of Natural Therapy », by Yoshifumi Miyazaki, Center for Environment, Health and Field Sciences, Chiba University).

Créer de l'espace dans nos agendas pour s'immerger dans la nature est une thérapie à laquelle nous pouvons tous accéder. En marchant, nous pouvons nous reconnecter avec la force de la vie et nous sentir en paix. Par le simple fait de nous allonger dans l'herbe ou de serrer un arbre dans nos bras, nous pouvons prendre le pouls de ce monde dans lequel nous vivons, et mon Dieu que c'est bon !

Quand je suis dans la nature, je peux couper le cordon qui m'attache à la technologie. Plus je m'enfonce et moins j'ai de relais, et plus je peux me connecter à haut débit avec la sagesse, le calme et la bonté qui sont en moi. Quand je me fonds dans la nature, je peux cicatriser mes peines et recharger mes batteries. Je peux soudain accéder à mes profondeurs et à ce qui me fait vibrer. Quand je me plonge dans la nature, il m'est impossible de faire du multitâche, le simple fait de marcher m'oblige à ralentir et je peux juste en pleine conscience avancer, sentir, écouter et vivre ce moment qui m'est donné, sans urgence, sans précipitation, en paix. Je peux ensuite reprendre ma vie quotidienne avec beaucoup plus de ressources et de sérénité.

Je développe ma spiritualité

Nombreux sommes-nous à nous éloigner de la religion car nous ne nous retrouvons plus dans les dogmes et les cultes, trop limitants ou trop jugeants. Les religions, qui pourtant peuvent apporter énormément à tout individu qui cherche à donner du sens à sa vie, peinent à convaincre, et on remarque un peu partout que les lieux de cultes se vident progressivement.

Le problème, c'est qu'en voulant nous libérer de la religion, nous avons fait l'erreur de tourner le dos à notre quête de spiritualité. Le résultat est que nous vivons maintenant dans une société qui semble partir dans tous les sens et nous échapper.

N'ayant plus d'espace pour développer notre « savoir-être » et manquant de repères pour nous connecter avec notre intériorité, nous nous sommes progressivement perdus dans une quête de pouvoir et d'accumulation de richesses extérieures. Le problème, c'est que cette quête de l'avoir est sans fin et sans limite, et nous sommes de plus en plus nombreux à prendre conscience qu'elle ne nous comble ni ne nous satisfait, et qu'elle ne nous mène nulle part.

Nous sentons bien qu'il est temps de stopper cette spirale infernale et de retrouver un espace pour nous reconnecter avec notre être intérieur et le rôle que nous voulons jouer dans la société. Il est temps d'arrêter la course de l'avoir et d'entamer la quête de l'être en nous ouvrant à nouveau à la spiritualité qui nous réserve de beaux trésors.

Témoignage de Christine

J'ai vécu moi-même une grande transformation spirituelle depuis dix ans. Mon départ aux États-Unis m'a permis de prendre du recul avec ma religion (sans la renier pour autant) pour partir en quête de ma spiritualité. Ce que j'ai découvert est délicieux.

J'ai fait (et je fais toujours) mon propre chemin pour découvrir mes doutes qui m'amènent à m'éloigner parfois de mon désir profond d'intégrité et de pureté. Il faut dire que ce n'est pas toujours facile d'aller regarder en soi, de regarder en face ses failles (ce que Jung a appelé « son ombre »), et d'en assumer la responsabilité sans pour autant la juger. Je pense vraiment que nos failles ne sont pas mauvaises. Elles ne sont pas des péchés. Elles sont des obstacles à surmonter dans notre quête d'épanouissement personnel. Mais c'est tellement plus facile de juger les autres et de pointer du doigt leurs faiblesses, leurs fautes ou leur propre manque de bon sens et d'intégrité, plutôt que de s'occuper de soi !

Une fois de plus, je crois que le changement commence par soi. Si nous voulons un monde qui a du sens, nous devons commencer par donner du sens à notre propre vie. Si nous voulons un monde de paix, nous devons commencer par faire la paix avec nous-mêmes et notre vision des autres et du monde. Nous devons commencer par aller écouter l'inaudible et le bon qui est au fond de nous et qui aujourd'hui est noyé dans le brouhaha de nos pensées et de la négativité ambiante.

La spiritualité, pour moi, c'est un temps sacré pendant lequel je me déconnecte de mon quotidien et je peux faire une pause pour retrouver le calme, la paix, le bon et la joie qui sont en moi. C'est aussi une démarche d'introspection et de développement personnel à vivre seul ou en communauté dans laquelle je m'engage pour partager le meilleur de moi-même avec la société. Personnellement, je vis ma spiritualité en méditant, en dansant, en observant la nature mais aussi en allant à l'église (je suis baptisée catholique) et en participant à différents groupes spirituels à Los Angeles. C'est tellement bon de se retrouver ensemble avec des personnes qui sont sur le même chemin, de prier ensemble, de chanter ensemble, d'entendre un enseignement inspiré et inspirant et de repartir ensuite pour l'incarner sur le terrain de jeux de la vie. ”

Les enseignements, le chant, la danse, la nature et l'immobilité sont pour moi des portes d'accès très puissantes pour me connecter avec mon intériorité. Quand j'arrive à retirer petit à petit toutes les couches et les interférences qui m'éloignent de ma richesse intérieure, je peux alors accéder à un épanouissement profond. Je comprends alors que le vide de ma vie ne peut pas être comblé par davantage de choses, mais qu'au contraire ce vide se comble quand j'abandonne la quête d'accumulation et que je me concentre à cultiver mon être intérieur.

Je peux alors me donner la permission de révéler l'amour, la brillance et la bonté qui sont en moi, et d'inviter mon entourage à en faire autant.

* Je mets la discipline au cœur de ma vie

Filtrer et choisir les informations qui rentrent dans mon champ de conscience, créer et entretenir autour de moi un cercle de personnes qui réveillent ma brillance, créer de l'espace pour me reconnecter avec mon intériorité dans l'immobilité, la danse ou dans la nature, développer ma spiritualité, toutes ces choses ont littéralement transformé ma vie en profondeur. Et pourtant je tiens à ce que vous sachiez que bien souvent ce n'était pas facile de trouver une place pour tout cela dans mes semaines bien occupées. Noyée dans ma longue liste de choses urgentes à faire, il était parfois extrêmement difficile de prendre du recul pour créer ma vie en conscience et encore plus de trouver de la place dans mon agenda pour prendre soin de ma source. J'avais souvent une bonne excuse pour reporter à plus tard ma promenade dans la nature ou mon cours de danse. Cela me semblait parfois égoïste de rater le dîner des enfants le soir pour aller écouter des conférences ou des enseignements spirituels.

Et puis un jour j'ai pris conscience que si je laissais mes responsabilités prendre toute la place dans mon quotidien, alors j'allais vite me retrouver vidée, épuisée, éteinte. J'ai compris que si je ne prenais pas soin de ma source, personne ne le ferait à ma place. Si je mettais toute mon énergie à prendre soin des besoins des autres (mon conjoint, mes enfants, mes clients, mes prospects...), alors je n'aurais plus de temps ni d'énergie pour prendre soin de ma flamme intérieure. Il était urgent que je me donne la permission de prendre soin de ma source au quotidien. Il était essentiel que je fasse de ma source une vraie priorité de ma vie. C'est ainsi que j'ai pu découvrir la puissance de la discipline.

Nous avons tendance à croire que la discipline n'est qu'une contrainte, et très souvent nous faisons tout pour la fuir ou l'éviter. Nous avons sans doute le souvenir de la discipline que nous imposaient nos parents, nos professeurs, l'internat, l'armée... et que nous trouvions injuste ou limitante. Notre expérience de la discipline a souvent été de devoir interrompre ce qui nous amuse et nous plaît pour « entrer dans le rang », « se tenir à carreau » et obéir à l'autorité supérieure.

Nous associons souvent la discipline à la notion de soumission, de sacrifice et de contrainte.

Alors que vous lisez ces quelques lignes, je voudrais vous inviter à penser le contraire. La discipline est justement une porte d'accès à plus de puissance et de liberté dans nos vies. Grâce à elle, nous pouvons aligner notre vie avec notre conscience supérieure – celle qui sait ce qui est bon pour nous, celle qui sait ce qui est possible pour nous, celle qui sait ce que nous voulons vraiment au fond de nous – et vraiment prendre le contrôle de notre vie pour lui donner un sens profond. Sans discipline, nous subissons le cours de notre vie sans pouvoir lui donner de direction. Sans discipline, nous sommes rapidement submergés et débordés par toutes les choses que les autres attendent de nous, nous avons l'impression de ne plus pouvoir exister.

En fait, je voudrais vous inviter à comprendre qu'il y a une grande différence entre la discipline imposée et la discipline choisie. En effet, la discipline choisie aligne notre vie avec notre autorité intérieure ! La vie est faite de choix et nous pouvons choisir de mettre davantage de discipline dans notre vie pour arriver à faire les choses que nous savons être bonnes pour nous. De cette manière, la discipline nous permet de faire ce qu'on veut vraiment de notre vie et de devenir qui nous voulons vraiment être, elle nous rend libre. La vraie contrainte et la vraie limite seraient d'en rester là où nous en sommes et de nous sentir incapables de changer.

La vérité, c'est que la discipline n'est pas forcément quelque chose de douloureux. C'est vrai que parfois elle nous oblige à certains sacrifices, mais nous savons que ces choses que nous sacrifions sont moins bonnes pour nous, et nous faisons le choix de les remplacer par d'autres plus enrichissantes. Par exemple, moi qui (avant) pensais que se lever avant 7 heures du matin était une hérésie, j'ai appris à me lever tous les matins à 5 h 30 (depuis maintenant plus de deux ans) pour commencer ma journée avec ce qui me tient à cœur : prendre soin de ma source avant que « le reste » ne prenne toute la place et engloutisse ma journée.

À présent, je vais vous donner quelques pistes pour que vous puissiez choisir une forme de discipline qui puisse être au service de votre vie.

FAITES VOTRE CHEMIN !

Ce quatrième principe « Je prends soin de ma source » est finalement la pierre angulaire de cet ouvrage. Sans ce quatrième principe, il est quasiment impensable d'envisager pouvoir mettre en œuvre les trois autres. Quelle que soit votre brillance, quelle que soit votre audace à aller sur le terrain de jeu de la vie pour poser des actes à la hauteur de vos ambitions, quelle que soit votre volonté de changer vos mots pour changer votre réalité, si votre flamme intérieure s'éteint, vous n'aurez plus de ressources et vous ne pourrez plus rayonner.

C'est pourquoi cela me tient à cœur de partager avec vous maintenant des outils et des exercices précis qui pourront vous permettre de faire vos choix dans votre vie. Pour que vous aussi vous puissiez garder votre flamme allumée et la laisser vous guider.

* Choisissez ce qui rentre dans votre champ de conscience

Pour pouvoir choisir ce que vous laissez entrer dans votre champ de conscience, je vous propose de commencer par vous mettre à la « diète médiatique » volontairement. Mais avant cela, faites donc ce petit exercice d'observation qui sera riche d'enseignements.

PETIT EXERCICE D'OBSERVATION

Dernièrement, j'ai fait un exercice très intéressant qui m'a ouvert les yeux sur les subtilités du négativisme ambiant !

J'ai pris un journal gratuit, vous savez, celui qu'on attrape en descendant les marches du métro (et que nous lisons alors même que nous avions emporté un livre choisi dans notre sac).

J'ai analysé les textes des trois premières pages en essayant d'identifier un indicateur pour déterminer si le contenu du journal diffusait une information qui amenait le lecteur à se sentir victime ou acteur de sa vie. Je dois dire qu'au début j'ai été un peu déçue car, au fond de moi, je manquais d'impartialité et j'avais envie de prouver que le journal diffusait des informations négatives. Or je faisais le constat que je pouvais tout de même trouver un bon nombre d'informations positives, ou du moins neutres dans ce journal.

Il y avait un article sur l'économie sociale et solidaire en pleine forme, un article sur la création de 1 000 emplois dans un centre commercial, un article mettant à l'honneur le cinéma belge et un titre en première page sur les 75 ans de Spirou. Les articles plus négatifs parlaient de grève, de garde à vue, de trafic d'argent, d'enfants décédés, de licenciements...

C'est alors que j'ai pu voir quelque chose que je n'avais jamais remarqué avant. J'ai pu constater que les mots utilisés pour décrire les bonnes nouvelles et les mauvaises nouvelles n'étaient pas du même registre. Dans les articles relatant les mauvaises nouvelles, nous pouvions lire les mots : exaspéré, décevant, peur, résiste, envahi, braqueuse, austérité, revendications, dénoncent, chantage, gros bras, perquisition, caïd... Tandis que dans les articles relatant les bonnes nouvelles, nous avions un langage beaucoup plus neutre et retenu. Le négatif était dramatisé, plein d'emphase et teinté de jugement, tandis que le positif était transmis sans interprétations, comme une simple description des faits.

Ceci n'est absolument pas une recherche menée de manière scientifique, mais juste un petit exercice que je me suis amusée à faire.

Je voudrais vous inviter à le faire vous aussi pour voir si vous arrivez au même constat que moi.

Nous devons être vigilants avec l'information que nous absorbons. Nous avons le pouvoir de choisir ce que nous voulons voir et entendre. À nous de choisir quel type d'information nous avons besoin pour notre vie, à nous de choisir des sources qui sont alignées avec nos valeurs, à nous de sélectionner des médias qui nourrissent nos centres d'intérêts et qui n'étouffent pas notre flamme.

Ainsi les Grecs ont fait ce choix. Un reportage sur le site Internet du journal *Le Monde* nous explique comment dans une population accablée par un taux de chômage qui dépasse les 25 %, des baisses de revenus de 30 % et toutes les mesures imposées par l'austérité, certains ont fait le choix de ne plus écouter la radio ni regarder les informations à la télévision. Une femme dit : « Je sais ce qu'ils vont dire aux informations quand je regarde, peu importe ce qu'ils disent, les choses arrivent quand même. »

Vous qui lisez ce livre, je voudrais vous inviter à me rejoindre dans ma quête pour sortir de la spirale infernale des mauvaises nouvelles, des scandales et de potins. Ensemble ouvrons les yeux pour prendre conscience que la vie est belle et pleine de bonté, de possibilités et de ressources.

Oui nous ne pouvons pas négliger le fait que le monde souffre, et il va sûrement encore se passer beaucoup de choses terriblement tristes et décevantes. Et pourtant je crois du fond de mon cœur que ce qui est important, c'est que nous arrivions tous à devenir la lumière que nous voulons voir dans ce monde. Et pour que nous puissions être cette lumière, nous devons faire attention à ce que notre propre lumière intérieure brille de tous ses feux.

Plutôt que de nous morfondre sur la morosité de la vie, nous devons nous donner les moyens de nous unir et d'éclairer la vie par nos actions et nos conversations. Ne laissons pas les médias nous angoisser, nous convaincre que le monde est fichu et que la nature humaine est trop mauvaise. Prenons la responsabilité de ce qui rentre dans notre champ de conscience. Ne laissons pas les autres nous voler notre optimisme, notre espoir, nos projets et notre joie.

Arrêtons de passer à côté de notre vie. Cessons cette addiction aux informations croustillantes et choquantes, et cherchons plutôt à transformer notre vie ordinaire en une aventure (extra)ordinaire dans laquelle nous laissons notre cœur, notre inspiration et notre âme nous guider. Il est urgent que nous prenions le temps de choisir des informations qui nous nourrissent et nous portent vraiment. Les informations que nous absorbons sont comme la nourriture que nous ingérons. Il faut faire la différence entre la *junk food* et la nourriture saine faite d'aliments complets et de vitamines.

Pensez-vous que l'information que vous absorbez est riche en fibres et vitamines, ou plutôt toxique pour vous ?

Est-ce une information qui vous donne de l'énergie ou qui vous ralentit et vous endort (peut-être avez-vous du mal à digérer !) ?

Les mauvaises nouvelles, une fois rentrées dans notre champ de conscience, sont difficiles à éliminer. Notre champ de conscience ne fonctionne pas comme notre corps qui, lui, pourra peut-être éliminer des aliments qui ne lui conviennent pas. Alors mettons-nous au régime des mauvaises nouvelles et établissons un plan de consommation médiatique sain et équilibré.

Voici quelques suggestions de ce que nous pouvons faire concrètement.

Exercice POUR FAIRE UN BILAN DE VOTRE CONSOMMATION MÉDIATIQUE HEBDOMADAIRE

Le tableau ci-dessous vous invite à prendre le temps de lister les médias que vous consommez toutes les semaines. Le tableau est divisé en quatre catégories : presse, radio, télévision et Internet. Pour chacune de ces catégories, je voudrais vous inviter à noter le nom de tous les médias que vous consommez, le temps passé sur chacun de ces médias et, selon vous, ce que vous en tirez de positif (une information importante, une relaxation, une ouverture d'esprit...). Si vous n'en tiriez rien de positif, vous ne le feriez pas !

Demandez-vous aussi ce que vous en tirez de négatif (un état d'esprit, une perte de temps, un abrutissement...).

Il va sans dire que cet exercice n'a d'intérêt que si vous le faites en toute honnêteté avec vous-même. Soyez aussi précis et exact que possible. Ce bilan est pour vous !

Presse			
Nom	Durée hebdo	Apport +	Apport -

Radio			
Nom	Durée hebdo	Apport +	Apport -

Télévision			
Nom	Durée hebdo	Apport +	Apport -

Internet			
Nom	Durée hebdo	Apport +	Apport -

Regardez maintenant le tableau que vous venez de remplir et posez-vous les questions suivantes :

- Suis-je satisfait de ma consommation médiatique ?
- Quelles sont les sources d'information que j'aimerais ne plus absorber ?
- Quelles sont au contraire les émissions, les magazines ou les sources d'informations que j'aimerais consommer plus régulièrement ?
- Qu'est-ce que je vais faire autrement dès demain ?

Exercices POUR VOUS CRÉER DE NOUVELLES HABITUDES DE CONSOMMATION MÉDIATIQUE

Commencez donc par un jeûne. Eh oui, je vous propose le challenge « J'arrête mon addiction aux médias » ! Ce challenge consiste à vous couper de tous les médias pendant 21 jours consécutifs (télévision, radio, presse, réseaux sociaux). Je peux vous garantir qu'à la fin des 21 jours, le monde continuera de tourner et que tout ce que vous aurez « raté » n'arrivera pas à la cheville de tout ce que vous aurez vécu pendant votre challenge. Il ne s'agit pas de se couper de tous médias pour tout le reste de votre vie, il s'agit juste de vous sevrer de l'habitude de vous laisser gaver par les médias, vous sevrer de votre habitude de laisser la radio, la presse, la télévision ou Internet vous inonder d'informations que vous n'avez pas sélectionnées. Reprenez le contrôle de ce que vous consommez et redevenez maître de votre cerveau.

Pendant ce challenge, vous pouvez lire vos e-mails mais sans cliquer sur les liens vers des articles dramatiques que vous pourriez avoir reçus (vous en profiterez pour vous désabonner de tous les messages qui polluent votre boîte mail). De votre côté, autant que possible, préférez le téléphone pour entrer en contact avec les autres. Vous pouvez lire tous les livres que vous voulez, écrire des lettres (ou un livre !) et recommencer à écouter vos albums de musique préférés. En revanche, pas de radio, pas de réseaux sociaux, pas de presse et pas de télévision.

« *Pour vivre pleinement, tu dois monter la garde à la porte de ton jardin et ne laisser pénétrer que les meilleures informations.* »

Robin Sharma

Ce challenge permet de se rendre compte de son addiction aux médias et surtout de remettre au cœur de sa vie toutes ces autres choses que nous avons oubliées.

Après le jeûne, nous pourrons reprendre notre consommation de médias tout en restant maîtres de ce qui rentre dans notre champ de conscience. Pour garder l'analogie diététique, nous choisirons des sources d'informations riches en fibres et en vitamines !

Préférez les magazines mensuels qui pourront vous donner des articles de fond (les fibres !), tandis que les journaux hebdomadaires, eux, se concentrent sur une actualité dominée par les scoops et donc une information qui n'a pas été forcément digérée.

À la radio, faites de même. Évitez les « nouvelles » et préférez les émissions de fond. Certains animateurs radio ont ce talent de traiter leurs sujets avec brio.

Choisissez des sources de médias qui vous font du bien et vous apportent vraiment ce que vous cherchez.

Ne cliquez plus sur tous les liens aux titres percutants qui défilent sur vos écrans toute la journée. Personnellement, j'ai fait le choix il y a maintenant plusieurs mois de retirer toutes les applications de réseaux sociaux de mon téléphone afin de pouvoir naturellement limiter ma consommation et m'apprendre à être plus dans le moment présent.

Choisissez en conscience combien de temps vous voulez passer à « vous distraire » devant la télévision ou votre écran. Remplacez une partie de ce temps pour le partager en famille, faire de l'exercice, lire, écrire, vous reposer, faire de la musique, prier ou méditer.

Compensez le flot d'informations négatives par un flot d'informations positives (les vitamines !) afin d'avoir une représentation plus adéquate de la société. Je vous recommande un ratio d'au moins trois bonnes nouvelles pour une mauvaise. Comme la publicité qui dit de manger cinq fruits et légumes par jour, vous pourrez vous servir de cela pour évaluer votre consommation médiatique.

* Choisissez en conscience les personnes qui vous entourent

Il faut savoir que le manque de soutien est la principale raison pour laquelle les personnes n'osent pas passer à l'action et prendre leur vie en main. Quand on se positionne en victime, au moins on a toutes les autres victimes à ses côtés, on est bien entouré dans sa misère ! Mais quand on décide de prendre sa vie en main, il est vital de s'entourer aussi de personnes qui sont déjà passées « de l'autre côté du miroir » car si on se sent seul dans le clan de ceux qui veulent vivre leur vie pleinement réveillés, si les autres pensent que nous sommes fous ou inconscients, alors immanquablement nous allons finir par les croire et nous rendormir.

Regardez autour de vous et faites le point sur les personnes qui vous entourent.

Répondez aux questions suivantes concernant les personnes qui vous ressourcent.

Ai-je des personnes autour de moi qui m'inspirent et m'ouvrent aux possibilités ?

Qui sont-elles ?

Pourquoi et comment ces personnes me ressourcent et m'inspirent ?

Qu'est-ce que je perçois d'essentiel pour moi dans nos relations ?

Suis-je satisfait(e) de la fréquence à laquelle je vois ces personnes ?

Si non, comment puis-je améliorer cela ?

Répondez maintenant aux questions concernant les personnes qui vous pèsent.

Ai-je dans mon entourage des personnes qui me pèsent et qui me vident lorsque je les vois ?

Qui sont-elles ?

Combien de temps par semaine je passe réellement avec ces personnes ?

Comment puis-je réduire ce temps ?

Pourquoi suis-je encore en contact avec ces personnes ?

Comment puis-je faire pour prendre de la distance ?

Y a-t-il des personnes qui m'inspirent auprès de qui j'aimerais me rapprocher ? Qui sont-elles ?

Quelles actions concrètes vais-je mettre en place pour m'entourer des bonnes personnes (déjeuners hebdomadaires, cycles de conférences, réseaux professionnels, etc.).

Je sais que tout le monde ne peut pas joindre un espace de *coworking*, que tout le monde n'a pas la chance bénie d'avoir une famille bienveillante. Et pourtant, quelle que soit votre histoire, quelle que soit votre situation, je sais qu'il y a toujours moyen de s'entourer de personnes qui nous poussent à être encore plus nous-mêmes et à aller de l'avant. Si au travail ou dans votre ville vous ne trouvez pas de personnes qui ressemblent à ce profil, cherchez encore. N'y a-t-il pas un petit commerçant qui vous inspire ou une personne qui s'active et qui monte des projets au sein de la municipalité ? N'y a-t-il pas des réunions de réseau dans votre région où vous pourriez retrouver une fois par mois des personnes avec qui vous pourriez créer des liens, et les faire rentrer dans votre tribu ? Cherchez les artistes, les auteurs, les entrepreneurs, les sportifs, toutes ces personnes qui sont constamment en train de chercher à progresser, à faire de leur mieux et à partager. Si vous ne les trouvez pas autour de vous, trouvez-les sur Internet. Lisez des livres, abonnez-vous à des newsletters, suivez ces personnes sur les réseaux sociaux, assistez à des conférences, regardez des documentaires, participez à des séminaires, etc.

* Créez de l'espace pour vous reconnecter avec votre force de vie

Nous avons un besoin vital de ralentir pour pouvoir entendre ce qui émerge en nous. En effet, dans la spirale infernale du quotidien, cela devient impossible d'être réceptif à ce qui est en nous car notre conscience est saturée et peine à gérer tout ce qui vient à nous de l'extérieur. Car c'est bien dans le silence de notre âme que notre voix intérieure nous parle et que nous pouvons l'entendre. Alors comment réussir à entendre ? Nous avons besoin de faire du vide dans notre tête, nous avons besoin de prendre rendez-vous avec nous-mêmes et de nous connecter avec la flamme qui est en nous grâce au pouvoir de la danse, à la puissance inspirante et ressourçante de la nature et au développement de notre spiritualité. Dans les pages suivantes, je vais vous proposer d'avancer sur ce chemin dès maintenant pour que, vous aussi, vous puissiez créer cet espace sacré dans votre vie.

Respirez !

Si dans cette partie vous ne retenez qu'une chose, j'aimerais que ce soit l'importance de créer de l'espace pour tout d'abord prendre le temps de respirer !

Exercice POUR APPRENDRE À CRÉER DE L'ESPACE EN RESPIRANT

Prenez quatre grandes respirations en suivant les instructions suivantes :

- Expirez par la bouche pour vider vos poumons.
- Inspirez par le nez sur quatre temps. Quand vous pensez que vous ne pouvez plus inspirez, inspirez encore un peu plus.
- Retenez votre respiration sur quatre temps.
- Expirez par la bouche sur quatre temps.
- Retenez votre respiration sur quatre temps.

Faites cela quatre fois !

Comment vous sentez-vous ? Calme, détendu, confiant, frustré, idiot, déçu... Prenez le temps d'accueillir ce que vous ressentez dans l'instant présent sans aucun jugement.

Notez dans votre *Carnet de pépites* ce que vous ressentez. Prenez le temps de remarquer votre intériorité et de lui accorder de l'attention. Cela peut paraître futile mais c'est tellement important.

Si vous avez lu les instructions et que vous n'avez pas encore fait l'exercice, alors fermez le livre et faites-le. Je vous garantis que vous ne le regretterez pas !

Maintenant que la respiration est une chose que vous maîtrisez, apprenez donc à ne plus être dans le mouvement constant et à prendre rendez-vous avec l'immobilité pour accéder à davantage de sérénité.

POUR ACCÉDER À L'INFINI DE L'INSTANT PRÉSENT EN DIX MINUTES

Lorsque j'ai découvert ce rituel, finalement très proche de la méditation, j'ai eu énormément de résistance et de difficulté à le mettre en œuvre !

Le rituel nous invite à pratiquer l'immobilité pendant dix minutes et je dois bien avouer qu'au début, rester à ne rien faire me semblait littéralement impossible. Voici à quoi cela ressemble :

- Immobilité du corps : je ferme les yeux et je cherche pendant dix minutes à ne pas bouger mon corps. Je calme mes jambes, mes bras, mon nez, j'évite que mes paupières ne s'agitent. Je cherche à rester complètement immobile. En général, je m'assieds sur un coussin à même le sol. Je m'assure que je suis confortable et que je n'ai mal nulle part.
- Immobilité des pensées : je calme le cours de mes pensées et je mets fin à mon dialogue intérieur.
- Immobilité des émotions : je me concentre à rester neutre et je ne juge pas ce qui se passe dans l'instant présent.
- Immobilité de l'esprit : le passé n'existe plus et le futur n'existe pas encore. Je me connecte avec l'instant présent, qui est la seule chose à vivre.

En restant immobile, je retire les distractions de ma vie : les distractions de mon corps, de mes pensées, de mes émotions et de mon esprit, et je me connecte avec l'instant présent. Ce qui est purement magique et délicieux dans cette pratique, c'est qu'on a l'impression de pouvoir allonger le temps. En créant ainsi de l'espace, on se libère de l'oppression de la vie et on accède à l'infini et à la paix immense qui se cachent au creux de l'instant présent. Essayez, c'est magique !

Je vous recommande tout particulièrement de vous servir de cette technique à chaque fois que vous vous sentez débordé ou déconnecté, à chaque fois que vous avez envie d'être plus présent.

Personnellement, j'utilise ce rituel parfois le matin au réveil ou avant une réunion importante ou une session de coaching avec un client. Je me suis aussi retrouvée plusieurs fois à le faire dans ma voiture (à l'arrêt) sur le parking de l'école des enfants juste avant de les récupérer et avant d'entamer ma « deuxième » journée de travail avec ma casquette de maman.

Levez-vous et dansez

Saviez-vous que selon une étude réalisée en 2010 par l'American Cancer Society, le taux de mortalité d'une personne assise plus de six heures par jour est 20 % plus élevé que celui d'une personne assise seulement trois heures par jour ? Je voudrais vous inviter à vous lever de votre chaise (ou de votre canapé), et à bouger. Plus que tout, je voudrais, homme ou femme, vous inviter à oser mettre la danse au cœur de votre vie. La danse va vous permettre de vous reconnecter avec toutes les parties de votre corps. Vous êtes bien plus qu'un cerveau et des mains qui tapent sur un clavier ! Vous êtes bien plus que vos jambes qui courent toute la journée. Il y a plein de possibilités, de grâce et de ressources dans votre corps qui sont aujourd'hui inexploitées. La danse va vous permettre de faire circuler vos énergies et de vous connecter avec le sacré, le bon et le brillant qui est au fond de vous. Elle va vous permettre de vous ouvrir aux possibles et d'entretenir votre fluidité avec votre propre vie. La danse va vous apporter de la joie et du plaisir dans votre quotidien. Je crois vraiment du fond de mon cœur que si nous nous mettions tous à la danse, nous pourrions tous devenir créateurs de nos vies et créer la paix dans le monde.

Attention, il ne s'agit pas ici de monter sur scène et de réaliser une performance artistique. Je parle ici d'ouvrir votre curiosité, d'écouter la musique et d'aller explorer toutes les possibilités de mouvements de votre corps aux quatre coins de la piste de danse (que ce soit dans un studio avec un professeur pour vous guider ou simplement dans votre salon !). Je n'ai aucun doute que vous allez découvrir des trésors.

Témoignage de Gérard

J'ai découvert le NIA lors d'un séminaire Wake Up. *Je ne sais pas bien danser, et je danse rarement, mais je me suis laissé prendre dans le mouvement sans trop réfléchir. En quelques minutes, mon stress est tombé et ma respiration s'est comme déployée. Je me suis senti bien et léger.*

C'est cette légèreté, j'en suis convaincu, qui m'a aidé à rebondir dans ma vie professionnelle et à me bouger pour lui donner plus de sens.

À la fin du séminaire, j'ai réussi à reconsidérer la proposition de mon boss de m'affecter à Dublin avec de toutes nouvelles responsabilités. En effet, un plan social se préparait et j'hésitais jusque-là à accepter la proposition qui m'était faite.

En revanche je voyais mes équipes se morfondre et attendre avec angoisse le verdict final, jusqu'au jour où l'annonce officielle des licenciements est tombée.

Pour dénouer toutes ces tensions bien palpables et ô combien compréhensibles, j'ai aussitôt pensé à organiser un cours de danse dans les locaux de l'entreprise pour aider mes équipes à lâcher prise. Un peu mal à l'aise (cela allait certainement lui paraître saugrenu), j'en ai informé mon directeur général qui, à ma grande surprise, a trouvé l'idée intéressante. Ce qui s'est alors passé a été exceptionnel. Les salariés licenciés qui faisaient une tête d'enterrement en entrant dans la salle sont tous ressortis avec le sourire. Ils avaient vraiment joué le jeu de se laisser aller aux mouvements amples, aux regards attentionnés portés les uns sur les autres et même au cri de défoulement proposé par le professeur (je l'ai moi-même expérimenté pendant mon séminaire, cela fait un bien fou !).

J'ai découvert peu de temps après qu'un cours était proposé dans une salle de danse à quelques minutes de mon nouveau bureau à Dublin… ”

Interrogez-vous : comment pourriez-vous apporter plus de danse dans votre vie ?

Commencez par mettre de la musique et lâchez-vous dans votre cuisine ou dans votre chambre comme si personne ne vous regardait. Si vous avez des enfants, je peux vous assurer que vous allez les surprendre et qu'ils vont rapidement se joindre à vous !

Moquez-vous de ce que les autres vont penser ! Dansez, dansez, dansez, laissez-vous emporter. Explorez tous ces mouvements que votre corps a oubliés. Laissez-vous surprendre, et surtout laissez le plaisir vous guider.

Cherchez dans votre ville un cours de danse qui vous convient. Si vous ne trouvez pas de cours, faites un stage pendant un week-end ou pendant vos vacances. Ne laissez pas passer cette opportunité de découvrir ou d'approfondir ce que la danse peut vous apporter dans votre vie.

J'ai personnellement adopté le NIA, mais il existe beaucoup d'autres techniques de danse qui vous conviendront peut-être davantage. Voici quelques pratiques que vous pouvez aller explorer :

- NIA (http://www.nianow.fr).
- La danse des cinq rythmes (http://www.5rhythms.com/).
- Le biodanza : (http://www.biodanza-federation-france.com).
- La danse de l'être : (www.danse-de-l-etre.fr).
- La thérapie par le mouvement (http://www.akordance.com/).

Puisez dans les vertus réparatrices de la nature

Le docteurr Marc Berman, chercheur en neurosciences cognitives à l'Institut de Recherche Rotman de Baycrest à Toronto, a réalisé une étude sur les effets d'une promenade dans la nature sur le cerveau humain. Selon lui, une promenade à pied de cinquante minutes dans la nature (qu'il fasse beau ou qu'il fasse froid) peut améliorer la mémoire et la concentration d'environ 20 %. Tandis que les effets ne sont pas du tout aussi significatifs en ce qui concerne les promenades en milieu urbain. Selon lui, c'est parce que la nature a cette capacité de légèrement nous stimuler et nous fasciner sans pour autant nous demander trop d'attention. Nous sommes bercés par le bruit de l'eau, intrigués par la forme des arbres et des feuilles et inspirés par le paysage qui nous entoure et nous avons ainsi un réel espace mental et environnemental pour nous détendre, réfléchir sur nous-mêmes et pleinement nous ressourcer.

« À chaque promenade en nature, on reçoit bien davantage que ce qu'on est venu y chercher. »

John Muir

Et vous, comment pourriez-vous faire pour vraiment créer un espace sacré dans votre vie pour vous reconnecter avec la nature ? Il ne s'agit pas ici d'attendre les vacances d'été mais plutôt de regarder votre planning de la semaine prochaine !

Repérez autour de vous un espace vert, un canal, un lac, une forêt, un étang… où vous promener le matin au lever du soleil, pendant la pause déjeuner (en laissant votre téléphone au bureau !) ou bien le soir en fin de journée.

Si vous ne pouvez pas trouver de temps pendant votre semaine de travail, pourriez-vous bloquer un créneau le week-end ?

Laissez le vent frotter votre visage et les rayons du soleil réchauffer votre peau. Ouvrez votre cœur aux mystères de la nature et profitez pleinement de cet espace serein que vous vous accordez.

Attention à ne pas reporter à plus tard car je peux vous assurer que le plus difficile n'est pas de trouver où aller, mais de faire de la place dans votre agenda pour en faire une priorité ! Je sais de quoi je parle, cette connexion à la nature est la chose la plus difficile pour moi à faire entrer dans mon quotidien, et pourtant je sens bien que c'est vital pour me sentir en vie et ancrée.

* Adoptez une discipline quotidienne

Choisir les informations qui rentrent dans mon champ de conscience, m'entourer de personnes qui me donnent des ailes, pratiquer l'immobilité, danser, marcher dans la nature, avancer sur le chemin de ma spiritualité, ces six ingrédients sont ce qui me permet de pleinement me ressourcer pour avoir ensuite l'audace de vivre ma vie pleinement réveillée. Quand je les mets au cœur de mon quotidien, j'arrive à oser avancer avec confiance et grâce. Je me donne la permission d'être brillante et je parviens à poser des actes à la hauteur de mes ambitions ! Et pourtant, je suis bien placée pour savoir que malgré tous ces bienfaits, ce n'est pas toujours simple de faire rentrer toutes ces belles choses dans notre vie.

Je sais que vous aussi qui lisez ces lignes vous avez sûrement plusieurs excuses tout à fait valables pour reporter à plus tard, pour penser que tout cela est frivole par rapport à vos soucis et vos obligations du moment. Pourtant je voudrais vous inviter à vous projeter et à envisager comment pourrait être votre vie si vous parveniez à mettre en pratique certaines de ces ressources. Si vous êtes encore en train de lire ce livre alors que nous arrivons à sa fin, je suppose que c'est parce que certaines choses vous ont parlé, n'est-ce pas ?

Mon plus grand souhait est que ce livre soit bien plus pour vous qu'un simple livre agréable à lire et boostant. Rien ne me ferait plus plaisir que de savoir que les enseignements que vous avez reçus dans ce livre peuvent s'ancrer dans votre quotidien et votre réalité. Mon souhait n'est pas que vous ayez simplement appris quelque chose, mais plutôt que vous ayez concrètement acquis quelque chose. Malheureusement, cela ne dépend plus vraiment de moi ! Cela va dépendre maintenant de vous et de votre capacité à mettre en œuvre dans votre quotidien ce qui vous a fait vibrer en lisant ce livre. C'est pourquoi pour finir, je voudrais vous inviter à mettre plus de discipline dans votre vie.

POUR IDENTIFIER LES CHOSES QUE VOUS VOULEZ VRAIMENT METTRE EN PLACE DANS VOTRE VIE

1. Avez-vous des moments dans la semaine où vous vous retrouvez seul avec vous-même sans distraction (sans e-mail, téléphone, télévision, radio, Internet...) ?

- Êtes-vous satisfait de cette situation ?
- Qu'est-ce que vous aimeriez changer (faire plus d'une chose ou moins d'une autre) ?
- Comment pourriez-vous le faire ?

2. Avez-vous une activité qui puisse vous permettre de trouver une certaine connexion spirituelle avec la vie (pratique de l'immobilité, danse, promenade en nature, enseignements spirituels) ?

- Êtes-vous satisfait de cette situation ?
- Qu'est-ce que vous aimeriez changer (faire plus d'une chose ou moins d'une autre) ?
- Comment pourriez-vous le faire ?

3. Avez-vous une activité qui fait chanter votre cœur mais que vous ne vous donnez pas la permission de pratiquer régulièrement ?

- Êtes-vous satisfait de cette situation ?
- Qu'est-ce que vous aimeriez changer (faire plus d'une chose ou moins d'une autre) ?
- Comment pourriez-vous le faire ?

Maintenant que vous avez identifié et nommé certaines choses que vous aimeriez faire rentrer dans votre quotidien pour vivre votre vie pleinement réveillé, je voudrais vous inviter à créer un visuel représentant votre semaine idéale.

En créant ce visuel, vous allez prendre le temps de définir une discipline, un rythme de vie hebdomadaire (certains éléments pourront aussi être mensuels). Vous allez installer certaines choses de façon régulière dans votre agenda, qui vous permettront ensuite de donner des ailes à votre quotidien.

Exercice POUR VISUALISER VOTRE SEMAINE IDÉALE

En vous aidant du schéma ci-dessous (libre à vous aussi de créer le vôtre), créez une représentation visuelle de votre semaine idéale. Utilisez ce schéma pour ancrer l'hygiène et le rythme de vie idéal pour prendre soin de votre source.

Prenez le temps de regarder comment vous pouvez éliminer les distractions et les sources de pollutions mentales dans votre vie et former un rythme de vie qui intègre ce dont vous avez besoin pour prendre soin de votre source.

Quelles sont ces choses que vous voulez mettre au cœur de votre nouvelle discipline de vie, ces choses que vous voulez répéter avec régularité de manière quotidienne, hebdomadaire ou mensuelle car vous savez que cela va vous faire profondément du bien ?

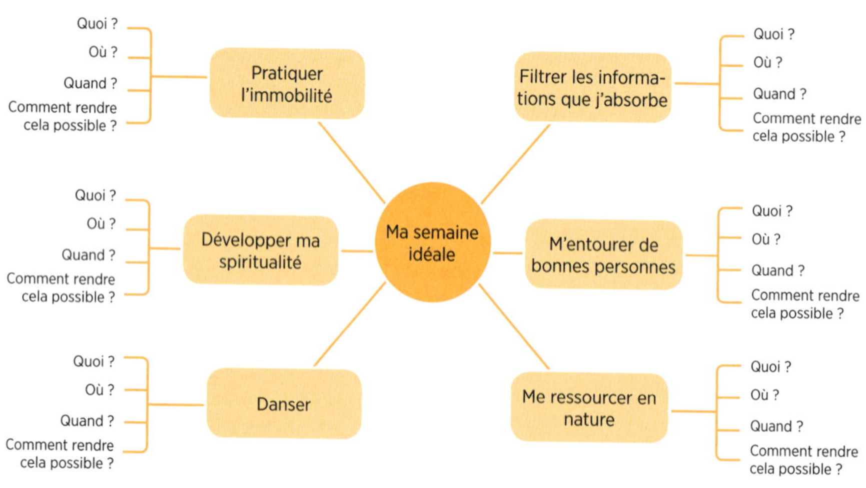

Encore une fois ce schéma n'est qu'une proposition, libre à vous de créer la représentation qui vous convient le mieux et surtout de choisir uniquement les éléments qui vous parlent et que vous voulez mettre au cœur de votre vie.

Affichez votre visuel près de votre table de chevet ou dans un endroit où vous pourrez le voir souvent. Il est là pour vous rappeler cette vision que vous avez pour votre rythme de vie.

CONCLUSION

Je l'ai déjà dit et je le répète, prendre soin de sa source est finalement le principe qui rend les trois autres principes possibles. Vous ne pouvez pas activer votre brillance si vous êtes déconnecté de ce qui vibre au fond de vous. Vous ne pouvez pas agir sur le terrain de jeu de la vie si vous vous sentez figé, limité et que vous laissez la négativité, la peur et les sentiments de manque et de danger envahir votre conscience. Vous ne pouvez pas sortir de votre zone de confort si vous n'êtes pas entouré de personnes qui vous inspirent et vous soutiennent. Vous ne pouvez pas célébrer, affirmer et déclarer ce que vous voulez dans votre vie si vous n'avez pas cultivé votre propre croyance en l'infiniment grand, l'infiniment bon et l'infiniment possible qui est en vous, en chacun de nous et partout grâce à votre spiritualité. Pour pouvoir arrêter de vivre votre vie à moitié endormi, j'aimerais que vous aussi vous puissiez prendre conscience qu'il est de votre devoir de prendre soin de votre flamme intérieure comme si c'était votre plus beau trésor. J'espère vous avoir suffisamment convaincu pour que ce principe ne reste pas coincé dans les pages de ce livre (qui bientôt prendra la poussière sur votre étagère), mais qu'au contraire il devienne le cœur de votre existence.

CONCLUSION

Vous êtes sur le point de fermer ce livre. Je voudrais vous inviter avant de tourner cette dernière page à prendre le temps d'apporter vos réponses à ces questions :

- Quelles sont les trois pépites les plus importantes que vous avez reçues de ce livre, celles qui vous ont le plus parlées ?
- Quelles sont celles que vous aimeriez vraiment mettre au cœur de votre vie ?
- Qu'est-ce que ces trois pépites vous ont appris que vous ne saviez pas avant ?

Si à la suite de cette lecture vous vous sentez changé, si vous sentez en vous cette urgence de vivre votre vie pleinement réveillé, sachez que vous n'êtes pas seul. Il y a des centaines et des centaines de personnes sur toute la planète qui sont en train d'ouvrir grand les yeux, de prendre conscience de l'état de demi-sommeil dans lequel elles se trouvent et qui, comme vous, sentent en elles tout un tas de choses qu'elles ont envie de révéler.

Nombreux sont ceux qui n'en peuvent plus de vivre leur vie à moitié endormis, hypnotisés par leurs peurs et leurs manques, et qui sont en train petit à petit de se réveiller à leur brillance et aux possibilités infinies de la vie. Regardez autour de vous. Engagez-vous à trouver ces personnes et donnez-vous les moyens d'être proches d'elles au quotidien.

Imaginez comment serait votre vie si, vous aussi, vous parveniez à oser être brillant, si vous parveniez à oser être tous les jours un peu plus vous-même ?

Refusons d'être victimes de qui que ce soit et de quoi que ce soit, osons aller sur le terrain de jeux de la vie, osons poser des actes à la hauteur de nos ambitions. Régalons-nous avec notre entourage en changeant nos conversations, et ainsi accédons à une tout autre réalité. Faisons de la place dans nos semaines chargées pour prendre de soin de notre source. Ainsi nous allons enfin pouvoir remplir véritablement nos vies.

Petit à petit, nous allons récolter les preuves que nos croyances limitantes ne doivent pas diriger notre vie. Nous allons réduire nos conflits intérieurs et développer un nouveau dialogue avec la vie. Nous aurons alors l'audace de réaliser nos rêves et de mettre en œuvre nos belles intentions.

BIBLIOGRAPHIE

Du même auteur

- Christine Lewicki, *J'arrête de râler*, Eyrolles, 2011
- Christine Lewicki, Florence Leroy, *J'arrête de râler sur mes enfants et mon conjoint*, Eyrolles, 2013
- Christine Lewicki, *Le carnet d'exercices - J'arrête de râler ! 21 jours pour changer de vie*, Eyrolles, 2012

Ouvrages en français

- Audrey Akoun, Isabelle Pailleau, *Apprendre autrement avec la pédagogie positiv*e, Eyrolles, 2013
- Edwene Gaines, *Les quatre lois spirituelles de la prospérité*, éditions ADA, 2012
- Nathalie Cariou, *Oser devenir riche : objectif abondance !* éditions Jouvence, 2012
- Tal Ben-Shahar, *L'apprentissage de l'imperfection*, Belfond, 2010
- Don Miguel Ruiz, *Les quatre accords toltèques : la voie de la liberté personnelle*, éditions Jouvence, 2005

Ouvrages en anglais

- Brendon Burchard, *The charge: activating the ten human drives that make you feel alive*, Free Press, 2012
- Malcolm Gladwell, *Outlier: the story of success*, Back Bay Books, 2011
- Michael Bernard Beckwith, *Life visioning, Sounds True*, 2012
- Shajen Joy Aziz, Demian Lichtenstein, *Discover the gift*, Harmony, 2011

- Gay Hendricks, *The big leap: conquer your hidden fear and take life to the next level*, HarperOne, 2010
- Tim Kelly, *True purpose: 12 strategies for discovering the difference you are meant to make*, Transcendent Solution Press, 2009
- Joel Osteen, *Every day a friday: how to be happier 7 days a week*, Faith Words, 2012
- Lisa Nichols, *No matter what: 9 steps to living the life you love*, Grand Central Life & Style, 2009
- Carol S. Dweck, *Mindset: the new psychology of success*, Ballantine Books, 2007
- Peter Kramer, *Against depression*, Penguin Books, 2006

Du même auteur

Best-seller :
+ de 100 000 exemplaires vendus !

SOUS LA DIRECTION DE
ANNE GHESQUIÈRE
LE CARNET D'EXERCICES
J'ARRÊTE
DE RÂLER !
CHRISTINE LEWICKI
JOURNÉE
JOURNÉE
21 jours
pour changer
de vie
EYROLLES

Collection dirigée par ANNE GHESQUIÈRE
J'ARRÊTE DE RÂLER
SUR MES ENFANTS
{ et mon conjoint }
CHRISTINE LEWICKI
FLORENCE LEROY
21 jours
POUR CHANGER
RESPECT
BIENVEILLANCE
COOPÉRATION
PLAISIR
EYROLLES

Achevé d'imprimer : EMD S.A.S.
N° d'éditeur : 4912
N° d'imprimeur : 29093
Dépôt légal : mars 2014
Imprimé en France

Cet ouvrage est imprimé - pour l'intérieur - sur papier Edixion 100 g des papeteries UPM, dont les usines ont obtenu la certification environnementale ISO 14001 et opèrent conformément aux normes ECF et EMAS